# UM ESCRAVO CHAMADO CERVANTES

FERNANDO ARRABAL

# UM ESCRAVO CHAMADO CERVANTES

Tradução de
CARLOS NOUGUÉ

EDITORA RECORD
RIO DE JANEIRO • SÃO PAULO

1999

CIP-Brasil. Catalogação-na-fonte
Sindicato Nacional dos Editores de Livros, RJ.

A796e Arrabal, Fernando, 1932-
Um escravo chamado Cervantes / Fernando Arrabal; tradução Carlos Nougué. – Rio de Janeiro: Record, 1999.

Tradução de: Un esclavo llamado Cervantes
ISBN 85-01-04915-8

1. Cervantes Saavedra, Miguel de, 1547-1616 – Biografia. 2. Escritores espanhóis – Biografia. I. Título.

99-0194 CDD – 928.61
CDU – 92(CERVANTES, M.)

Título original em espanhol
UN ESCLAVO LLAMADO CERVANTES



Direitos exclusivos de publicação em língua portuguesa para o Brasil adquiridos pela
DISTRIBUIDORA RECORD DE SERVIÇOS DE IMPRENSA S.A.
Rua Argentina 171 – Rio de Janeiro, RJ – 20921-380 – Tel.: 585-2000
que se reserva a propriedade literária desta tradução

Impresso no Brasil

ISBN 85-01-04915-8

PEDIDOS PELO REEMBOLSO POSTAL
Caixa Postal 23.052
Rio de Janeiro, RJ – 20922-970

# SUMÁRIO

# PRÓLOGO AO OCUPADO LEITOR

Que destino o meu! Conceitos e preconceitos já não impõem princípios nem preceitos ao calor das fogueiras. Também aparece hoje Cervantes como figura "exemplar" e "heróica" para a maioria dos cervantistas. Esses, porém, já não se deixam intimidar pela intransigência.

Ruth Reichelberg, catedrática da Universidade de Bar-Han (Tel-Aviv), estuda-lhe as origens em *Dom Quixote ou o romance dum judeu disfarçado*. O catedrático Louis Combet, da Universidade de Lyon, examina-lhe a homossexualidade e o masoquismo em *Cervantes ou as incertezas do desejo*. A catedrática romana Rosa Rossi analisa-lhe a personalidade e as raízes em *Escutar Cervantes*. E tantos outros: Sarah Leibovici, Dominique Aubier, Marthe Robert, Víctor Malka, Leandro Rodríguez etc. Restam, felizmente, cada vez menos universitários decididos a ocultar ascendências e querenças de Cervantes.

Quis destino caprichoso, quase prodigioso! que em 8 de dezembro de 1988 eu (pobre de mim!) encerrasse o primeiro Congresso Internacional de Cervantistas. E em Alcalá de Henares! Endomingado para tão imerecida honra, expus minha apaixonada e humilde visão de Cervantes. E, quando mais exposto me julgava, aplaudiram-me de pé brilhantes eruditos: de Jean Canavaggio a Martín de Riquer, aos quais tanto li, com os quais, se mo permitem, "tanto amei".

Não tento convencer nem, menos ainda, vencer ninguém. Não há mistério na vida de Miguel; tampouco o há no deslumbramento que me inspira. Iluminado pelo mestre passei tantos momentos da vida! Até mesmo em escuro cárcere matritense... antes de escrever, nas asas da modéstia, este exercício de admiração.

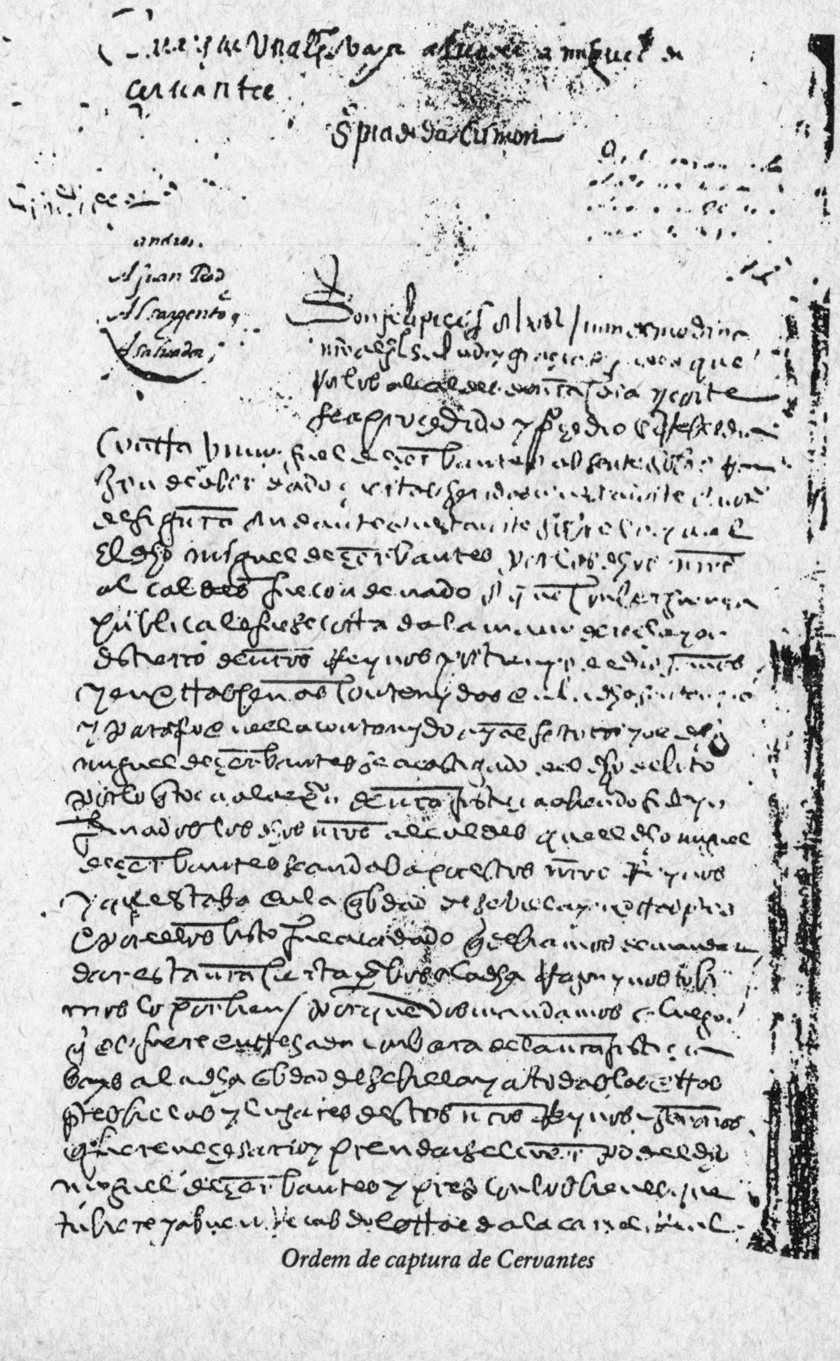

*Ordem de captura de Cervantes*

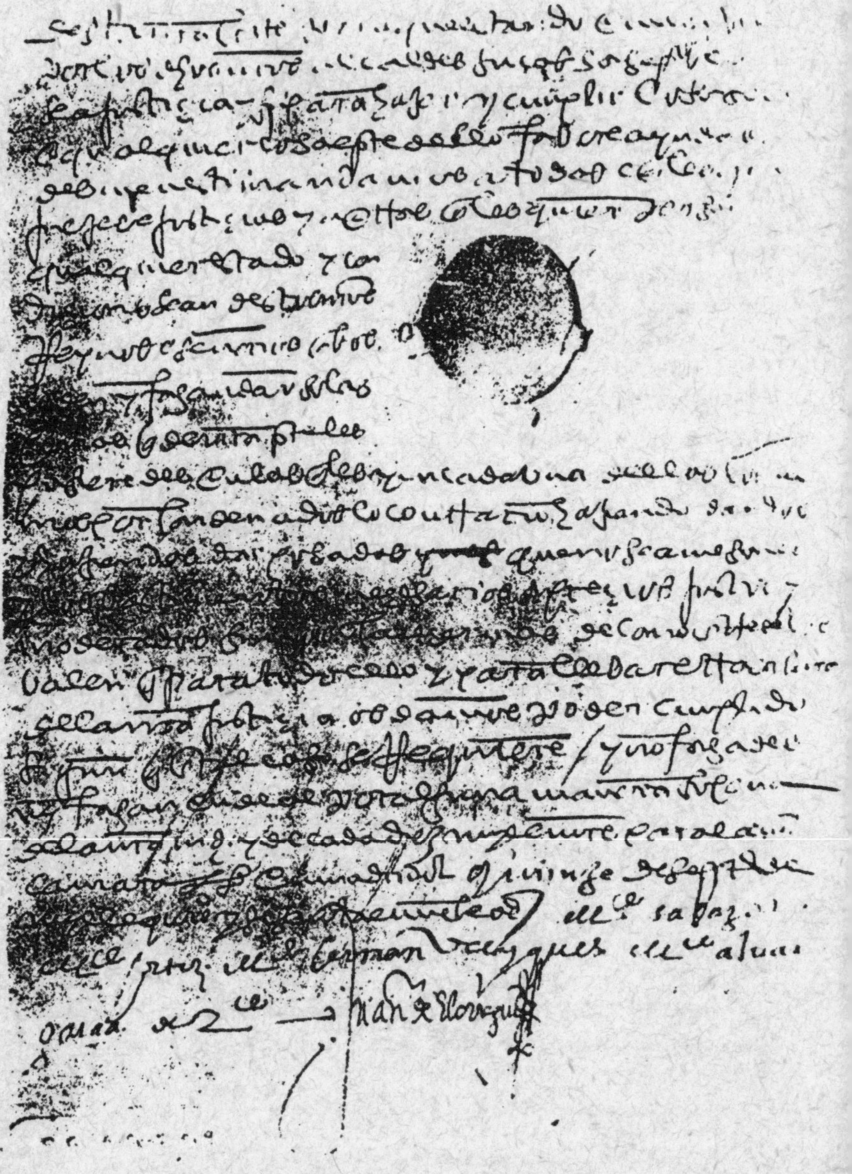

*Ordem de captura de Cervantes (continuação)*

"Para que um alquazil vá prender miguel de Cervantes. — Sem direitos de ofício. — Secretário Pradeda. Crime.

Don felipe, &c. A vós, Juan de Medina, nosso alquazil, saúde e graça, saibais que pelos alcaides de nossa casa e corte se há procedido e procedeu em Rebeldia contra um myguel de cerbantes, ausente, sobre Razão de haver dado certas feridas a esta corte A antonio de Sigura, andante nesta corte, sobre o qual O dito miguel de cerbantes, pelos ditos nossos alcaides, foi condenado a com vergonha pública ter cortada a mão direita e em desterro de nossos Reinos por tempo de dez anos e em outra penas contidas na dita sentença; e para que o nela contido haja efeito [*apagado*] e o dito miguel de cerbantes seja castigado do dito delito pelo que toca à execução de nossa Justiça, havendo sido informado dos ditos nossos alcaides que o dito miguel de cerbantes andava por nossos Reinos e que estava na cidade de Sevilha e em outras partes, e por eles visto, foi acordado que devíamos de mandar dar esta nossa carta para vós, na dita Razão, e nós tivemo-lo por bem, porque vos mandamos que logo vos fora entregue com vara da nossa Justiça, ides à dita cidade de Sevilha e a todas outras partes, vilas e povoados destes nossos Reinos e Senhorios que seja necessário, para prender o corpo do dito miguel de cerbantes, e preso com os bens que tiver e a bom Recado o trareis ao cárcere Real / desta nossa corte, para que, estando nela, vista pelos ditos nossos alcaides sua casa, se proveja o que seja justiça; e se para fazer e cumprir o sobredito ou qualquer coisa e parte disso favor e ajuda houverdes mister, mandamos a todos e quaisquer juízes e justiças e a outras quaisquer pessoas de qualquer estado e condição que sejam destes nossos Reinos e senhorios, que vo-lo dêem e façam/dar, sob as penas que de nossa parte lhes aplicardes nas quais e em cada uma delas os havemos por condenados, o contrário fazendo, dando-vos e fazendo-vos dar pousadas que não seja aubergues e os bastimentos necessários a preços justos e moderados, sem os encarecer mais de como entre eles valem; que para tudo isso e para levar a trazer vara da nossa Justiça damo-vos poder cumprido, segundo o que em tal caso se Requer; e não façais nem façam portanto al por alguma maneira, sob pena da nossa mercê e de cada dez mil maravedis para a nossa câmara, data em Madri A quinze de Setembro de mil quinhentos e sessenta e nove anos, o bacharel salazar, o bacharel hortiz, o bacharel hernan Velazquez, o bacharel aluar garcia de Toledo. *Juan de Elorregui.*"

*Ordem de captura de Cervantes (tradução)*

*Madri: Porta do Sol, São Felipe, Nossa Senhora do Bom Sucesso e Mosteiro da Vitória*

# INTRODUÇÃO

*[...] O dito miguel de cerbantes, pelos ditos nossos alcaides, foi condenado a com vergonha pública ter cortada a mão direita e em desterro de nossos Reinos por tempo de dez anos [...]*

## A TERCEIRA MÃO DE CERVANTES

Acusado de "pecado nefando", o jovem Miguel leu tal sentença vendo-se, aterrado, na vítima que não queria ser. De chofre deu às gâmbias. A toda a brida, em bolandas, fugiu, aos vinte e um anos. Fez chão apressadamente, para escapar ao pesadelo. Horrorizado, viu-se subir ao tablado de tortura da praça madrilhena. Imaginou os aguazis a arrastá-lo até o cepo do suplício, e o verdugo a erguer-lhe o machado sobre o pulso. Tanto o traumatizou esse pensamento, que, sem pensar duas vezes nem ouvir senão a voz do pânico, deu as costas a Madri, amigos e família e, a mata-cavalos, salvou-se.. "para sempre"

O rei de Espanha, ao condená-lo a ter cortada a mão de escritor, lançava-o a inferno de incerteza. Julgava-se próximo àquele, ao fim e ao cabo, suportável "vale de lágrimas" rotineiramente pintado por mestres, quando a realidade mais bárbara súbito lhe acometia qual fera furiosa. A mão queimava-lhe, e pressentimentos terríficos cruzavam-lhe com rastos de fogo o cérebro.

Muito pouco o ligava à vida... mas tão prodigiosamente! A sede do inacessível dominava-o. Espantado por semelhante ameaça, toda a vida Cervantes traumatizado viverá. Decepação, à queima-roupa! do membro do corpo de que mais necessitava, mutilação impedida, mas até quando?... Angustiado até a morte, a sentença visitar-lhe-á sem cessar a memória, a perturbar-lhe perpetuamente a tranqüilidade.

Em junho de 1840 o Arquivo de Simancas informou à Real Academia de História a provisão real descoberta em 1820 por Jerónimo Morán. Desde então se conhece, discute e até, por vezes, dissimula o singular documento de 1569 com que este capítulo começa.

Pouco escreveu Cervantes sobre sua própria vida, mas sempre que o fez apareceu o fantasma da mutilação. Às portas dos setenta anos, desconfiando ainda da misericórdia, seguia temendo que lhe cortassem a mão condenada. Escreveu no prefácio d'*O Quixote*: "[...] porque, posto vos averiguem a mentira, não vos hão de cortar a mão com que a escrevestes."

Em um dos sonetos do prólogo d'*O Quixote* conseguiu introduzir por soberba a mão, sacralizando-a sem quê nem para quê:

> Mi'a mão foi raio onde nasce e
> morre o dia.
> *[Mi mano rayo fue do nace y /*
> *muere el día.]*

Três anos depois da fuga foi "mutilado" em Lepanto, mas como apreciá-lo com precisão? Referiu-se a esse transe com disfarçada ambigüidade. O leitor perguntar-se pode, topando fechadas as passagens da verossimilhança, se não terá imolado simbolicamente o condenado membro.

Na segunda parte d'*O Quixote* assegura, com frase tão passmosa quanto sarcástica, que sua mutilação se deu "no mais alto momento que viram os séculos passados, os presentes, nem esperam ver os vindouros". Cabe perguntar o que em verdade esse homem, que se dizia "socarrão, poetastro já velho", pensava da famosa batalhinha. Ter-se-á permitido a licença inocente, ou chocarreira, de prejulgar a história? De comparar Lepanto com Austerlitz ou Stalingrado? Terá considerado o confronto de Lepanto magno triunfo ou vitoriosa escaramuça de guerra perdida para reconquistar Chipre e vencer os turcos?

Aos vinte e um anos Cervantes recebeu em Madri uma arcabuzada, em forma de processo, infinitamente mais dolorosa que a que o teria atingido, segundo seus hagiógrafos, na célebre batalha. O estampido de tal sentença deixou Cervantes assustado a vida inteira. Vasta zona de sombra em paisagem de cinza, velada por teias de aranha pênseis da desrazão. Fantasmas e secretas dores envoltos por sentimentos irracionais de culpa.

Angustioso parto que trouxe ao mundo e sua tragicomédia o genial escritor e heterodoxo quixote Cervantes. Jovem gago ("porque meu bico tartamudo não o será para dizer verdades") capaz já de cortar o cordão umbilical que o prendia a lar, círculo de poetas, Madri e Espanha. O pânico, qual furacão tresloucado, correr, mostrou-lhe e ensinou sensibilidade, talento, compaixão indulgência... e ambigüidade.

Cervantes fugiu da Espanha cuspindo no solo que o vira

nascer. Alucinações sofreu, e imaginou-se perseguido por verdugo castelhano, preso, a mão decepada com o aplauso e as risadas da "chusma" da corte de Espanha. Ganhou o mundo e deixou a Espanha — sua pátria já não era mãe, e sim madrasta.

Ao "maneta de Lepanto" faltava um braço?

Na *Viagem ao Parnaso*, para avivar temores, diz, mitigando o estrago, que a mão está apenas "aleijada". Acrescenta: "Perdeste o movimento da mão esquerda para glória da destra." Na controversa *Epístola a Mateo Vázquez* o autor narra assim os fatos:

> Nesse momento eu triste estava
> com uma mão ainda à espada atida
> e sangue da outra se derrama;
> o peito de fundíssima ferida
> sentia chagado, e a sinistra mão
> estava por mil partes rompida.

*[A esta sazón yo triste estaba / con una mano de la espada asida / y sangre de la otra derrama / el pecho mío de profunda herida / sentía llagado y la siniestra mano / estaba por mil partes rompida.]*

Rompida? Perdida? Aleijada? Nas *Novelas exemplares*, no entanto, afirma resolutamente: "Perdi a mão esquerda duma arcabuzada."

Perdida mão reaparecida com astúcia cautelosa no prólogo de *Persiles e Sigismunda*. Um estudante agarra-lhe a mão esquerda, enquanto o espicaça, trocista: "Eis o maneta são."

Pouco antes de morrer, uma vez mais o autor, assente apenas em querença, considerou a perda da mão o cúmulo do castigo..

Aos sessenta e quatro anos o postiço Juan de Jáuregui por perdida deu a dita mão esquerda no prólogo das *Novelas exemplares* para que.. "a ambição de Cervantes fosse satisfeita!"

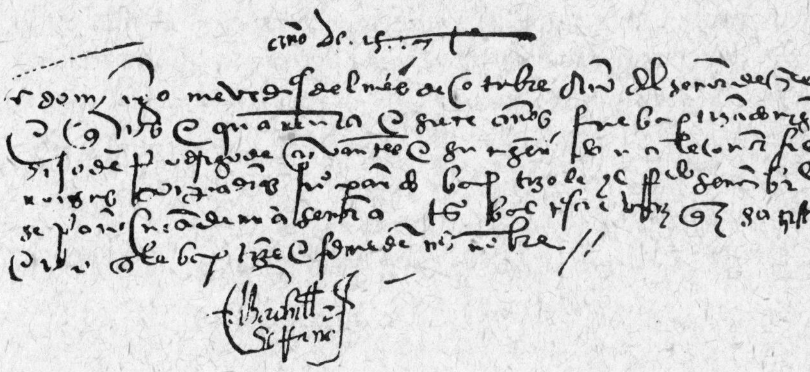

Ano 1547

domingo nove dias do mês de outubro Ano do senhor de mil/ quinhentos e quarenta e sete anos foi batizado miguel/filho de Rodrigo de cervantes e sua mulher dona leonor/Juan pardo foi o padrinho e o batizou O Reverendo bartolomé/seRano Cura de nossa senhora e testemunhas foram baltasar vazqz. sacristão/e eu q. o batizei e firmo meu nome//

O bacharel
SeRano

*Registro de Batismo de Cervantes*

Algumas linhas depois Miguel de Cervantes, desta vez em primeira pessoa e sem sombra de motivo, adverte: "Atrever-me-ei a dizer-te uma coisa: se de algum modo eu pudesse induzir o leitor destas novelas a algum mal desejo ou pensamento, antes me cortara a mão com que as escrevi."

Assaltado, porém, pelo assombro, o leitor relê este último trecho: "antes me cortara" — corto-ma eu, Cervantes — "a mão com que as escrevi". E pergunta-se, extasiado, como teria podido cortar o membro existente com o inexistente? De que terceira mão dispunha Cervantes?

*Felipe II, cerca de 1555. Desenho anônimo, B. N. Paris*

# 1

Miguel de Cervantes batizado foi na igreja paroquial de Santa Maria Maior de Alcalá de Henares, em 9 de outubro de 1547. Dias antes nascera, durante os festejos de São Miguel — 29 de setembro —, no número dois da rua de la Imagen. Rua situada no coração do bairro onde os judeus conversos da cidade viviam.

Nasceu Cervantes em casa de dois andares. Ocupava quase trezentos metros quadrados. Possuía pequeno pátio com poço e era contígua aos fundos do hospital da Misericórdia. Hospital onde fora enfermeiro voluntário Inácio de Loiola. Em Paris o fundador redigiu, precisamente no ano do nascimento de Cervantes, a Constituição da Companhia de Jesus, modelo e guia dos *jesuítas*.

Implacável, o destino escolheu o ano de 1547 para pomposamente fazer coincidir peripécias mil. Para mostrar que todas as histórias são uma só história: anverso e reverso da moeda e, para o destino, equivalentes. Em 1547, ano do nascimento de Cervantes, morreram Lutero, Henrique VIII e Francisco I; os protestantes foram derrotados por Carlos V em Mühlberg; o último conquistador, Hernán Cortés, fenecia abandonado e miserável em Sevilha; Ivã, o Terrível, príncipe de Moscou, deu-se nada menos que o título de césar — czar!

A família Cervantes era na época composta de mãe, Leonor de Cortinas, de vinte e sete anos, pai, Rodrigo, dez anos mais que a mulher, e duas filhas: Andrea, nascida em 1544, e Luisa, que veio ao mundo dois anos depois. O *pater familias*, que tão pouco tinha de "chefe de família", Rodrigo de Cervantes, exercia a modesta profissão de cirurgião-barbeiro.

Para os Cervantes, como para a classe média e a pequena nobreza espanholas, o acontecimento principal deste ano — 1547 —, que vira tantos óbitos reais e eventos transcendentais, fora a promulgação, semanas antes do nascimento de Cervantes — precisamente em 23 de julho de 1547 —, do primeiro *estatuto de limpeza de sangue*. Surgiu vileza sobre torres de susto. A Espanha, deduziram angustiados, entrava na era da suspeita. Constituía o último e temível episódio de peleja de cento e cinqüenta anos. Conflito vivido pela família na própria carne entre abismos trementes.

"Se no vigésimo grau todo o ser humano, como ensinam os aritméticos do Colégio de Santo Idelfonso, tem 1.048.576 antepassados, quem hoje, na Espanha pós-estatutária, poderá demonstrar 'limpeza' absoluta?"

Profissões e ofícios dos Cervantes colocavam-nos ao alcance da primeira denúncia do último dos inimigos com galões de *informador*. Os judeus espanhóis eram povo de letrados, de escribas, de *gentes de livro*. Um refrão da época dizia: *Nem judeu néscio nem lebre preguiçosa*. O avô paterno de Miguel era jurista, formado em direito por Salamanca; a avó materna era filha de famoso médico cordobês; os bisavós maternos eram conhecidos mercadores de estofos em Córdoba; e, acima de tudo, as mulheres da casa eram capazes de ler e escrever em época de analfabetismo — quantos nobres ignoravam mesmo o abecedário? Elementos e características, segundo a imaginação popular, do *judeu converso*. Enternecedores "suspeitosos" do *Retábulo das Maravilhas* cervantino: para que não os acusassem de pertencer à "raça dos conversos", dispos-

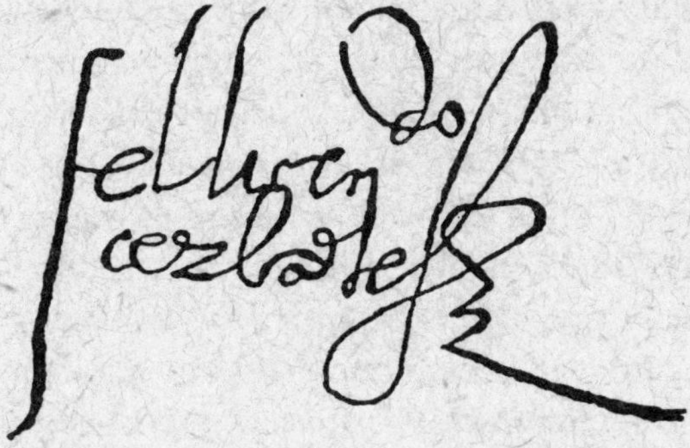

*Assinatura do bacharel Juan de Cervantes, avô de Miguel*

*Assinatura de Andrés de Cervantes, tio de Miguel*

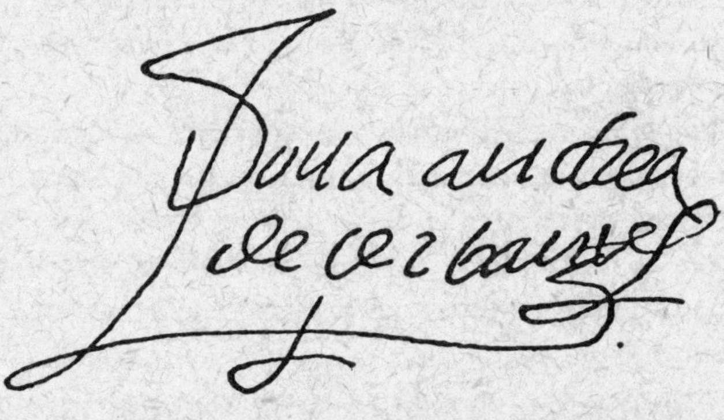

*Assinatura de Andrea de Cervantes, tia de Miguel*

tos estavam a ver leões, ursos, Sansões e Salomés ali onde não havia mais que suja cortina sobre palco de fantoches. O tataravô de Miguel, Pedro Díaz de Cervantes, aterrorizado assistira à matança de judeus iniciada em Sevilha em junho de 1391:

"Destruíram-se então por esse levantamento os alfamas de Sevilha e Córdoba e Burgos e Toledo e Logronho e outros muitos do reino; e os que escaparam ficaram mui pobres de tão grandes doações fazer aos senhores por ser guardados de tão grã tribulação [...]. Tudo isso foi claramente avidez de roubar [...] a avidez de roubar os judeus crescia dia a dia."

A matança de 1391 custara a vida, apenas em Sevilha, a mais de quatro mil judeus. Plebe e baixo clero, incitados pelo arcebispo de Écija, Ferrand Martínez, saíram à rua dispostos a não deixar vivalma nos bairros judeus. Nobreza, alto clero e representantes do rei Henrique III, reunidos em torno do conde de Niebla e do aguazil mor, senhor Álvar Pérez de Guzmán, tentaram deter a desenfreada fúria. Quão longe estava Sevilha nessas negras horas, pensou Pedro Díaz de Cervantes, da capital das três religiões do rei Fernando III, a qual se deleitava com própria beleza!

A família Cervantes sabia que as primeiras colônias das tribos de Judá e Benjamim na Espanha se tinham estabelecido por causa da destruição do templo de Jerusalém. Tanto haviam prosperado, que em Saragoça (a *Caesar Augusta* de então) representavam os judeus um quarto da população da cidade. Não sem sorrir, escutavam "edificantes" histórias inventadas por ardorosos conversos. Uma dizia que "os judeus de Toledo tinham escrito carta a Pôncio Pilatos para protestar contra a crucificação de Cristo".

Lendas transmitidas de pais para filhos pelos Cervantes de sucessivas gerações. A história surgia às vezes como esmaecida pelo esquecimento, e outras louçã e vívida como se passado e presente se tivessem casado. Escutavam-lhes os desejos com rumores de guitarra. Orgulhosos estavam de saber que durante a

Idade Média a Espanha em que os avós tinham vivido fora o único país da cristandade com tão importante minoria religiosa. Nos palácios grandes dignitários, médicos, intérpretes e astrônomos comumente eram judeus. As seis sinagogas de Sevilha, antes da medonha matança, conviviam pacificamente, lado a lado, com o alcácer e a catedral. Dez sinagogas existiam em Toledo: a de Ben Abidarham, a de Algi'ada, a de Sulóquia, a de Ben Aryeh, a de Ben Ziza, a do Cordobês, a do Trânsito, a Maior, a Velha e a Nova. Esta era considerada, com razão, uma das jóias arquitetônicas da Espanha. Com que enlevo a contemplavam os Cervantes quando por Toledo passavam, a caminho de Salamanca, antes da *conversão*. Em Toledo visitavam também com idêntica admiração os cinco colégios judeus ou *madrisas*. E imaginavam indolentes manhãs, ornadas de divina quietude.

Nos treze primeiros séculos de convivência das duas comunidades houve conversões... nos dois sentidos. Nos primeiros séculos da diáspora judaica muitos foram os espanhóis que se converteram à religião de Moisés, beneficiando-se do período de livre proselitismo.

Na Córdoba dos avós paternos e maternos de Miguel de Cervantes, o bairro amuralhado em que os judeus viviam chamava-se Al-Madina. A porta de acesso, Rabab Bab Al Yahud, confinava com a mesquita e o alcácer. Minoria religiosa judia de extraordinária vitalidade intelectual: as escolas de tradutores do século XII recuperaram a gigantesca massa de informação perdida durante um milênio. Os tetravós de Cervantes convencidos estavam, com razão, de que era a Espanha centro cultural do judaísmo. As relações nessa época entre cristãos e judeus eram cordiais, e o intercâmbio cultural, elevado: seriam para o restante da cristandade pedra de escândalo.

Não obstante, esses venturosos tempos, que com saudade recordavam os Cervantes, tinham terminado com incêndios e matanças em 1391. O número total de assassinados nos motins, bem como o número de convertidos, ainda se ignora, mas "houve novas de que o povo da cidade de Sevilha tinha roubado a Judiaria e eram tornados Cristãos os mais Judeus que i eram, e muitos de eles mortos".

Desse cataclismo aproveitara-se Vicente Ferrer para batizar a torto e a direito e, por isso, após a sua morte, para ser canonizado pela Igreja. Em livros "piedosos" ele é conhecido pela alcunha "Anjo do Apocalipse". Em verdade mereceria entrar no livro dos recordes... embora segundo desafetos tenha batizado trinta e cinco mil judeus em vinte e cinco anos. Precursor do *nazismo* foi: aconselhou que portassem insígnia distintiva os judeus.

Quando a intolerância era tão selvagem como embate de alimárias, quando a miséria moral armava os mais atormentados, quando a lucidez podia estribar-se apenas na própria fragilidade, com que fervor trilhou Miguel caminho de imortalidade!

*Escudo de 400 maravedis da época de Cervantes*

# 2

Os Cervantes observaram com pesar o surgimento, após as forçadas conversões, da palavra *marrano*. Nunca souberam a origem de tal expressão pejorativa. Dizia-se que os judeus castelhanos tinham pedido, ao converter-se, que não os obrigassem a comer carne de porco, "protestando fazê-lo não por guardar a lei de Moisés, senão somente por não ter tal hábito e por este causar-lhes náusea e fastio"; ademais, "os mouros chamam o porco de *marrano* [marrão]". Para outros "os marranos são os que marram a fé de Cristo". Chegou aos ouvidos do avô de Miguel de Cervantes a opinião de que a palavra derivava de *Maram*, que significa rebelar-se, ou de *Maranatha*, que quer dizer anátema, ou ainda de *Maran-atha*, jaculatória judia dita em caldeu que se poderia traduzir por "Vinde, Senhor".

Os Cervantes e os Cortinas (a família da mãe) com alívio observaram que conversos, após o horror, tinham ascendido a postos que por competência e valia mereciam. Famílias judias "cristãs-novas" assimilaram-se em benefício da Coroa e da aristocracia.

E todavia observaram com receio que no baixo ventre do país se estava dando um deslocamento de animosidade: a histeria antijudaica em ódio anticonverso mudou. Manipuladas por demagogos, massas populares exaltadas tentavam descobrir sob o cristão-novo o judeu. Concluído o deslocamento, a ira popular exacerbou-se contra os conversos. Os incidentes multiplicaram-se e preocuparam fundamente não só os Cervantes mas também os Terrablancas, a família da avó paterna de Cervantes. O bisavô de Miguel fora famoso médico-cirurgião de Córdoba: senhor Juan Luis de Torreblanca.

Torreblanca foi uma das vítimas da matança de conversos que enlutou a cidade de Córdoba no mês de março de 1474. Existia como pano de fundo na cidade grande tensão entre as duas comunidades cordobesas, a dita dos cristãos-velhos e a dos conversos. Em 16 de abril de 1474 uma procissão em honra de São Pedro, o Real, atravessou a Cruz del Rastro. Da janela duma casa *conversa* caiu na coroa da Virgem o conteúdo dum recipiente que não foi claramente identificado. O gesto fora duma menina de dez anos sem más intenções. Após alguns energúmenos assegurarem que a Virgem tinha sido aspergida de urina, os mais acalorados começaram a queimar casas de conversos aos gritos de "Vamos todos vingar essa grande injúria e morram todos esses traidores e hereges". Pedro de Torreblanca, antepassado de Miguel de Cervantes e amigo do alcaide, tentou serenar os ânimos, mas conseguiu unicamente receber traiçoeira e mortal punhalada. O Grão Capitão, senhor Gonzalo Fernández de Córdoba, defendeu como pôde a sua gente, os judeus conversos. Por dois dias foi Córdoba triste palco de roubos, assassínios, incêndios e violências de todo o tipo.

De geração em geração esses trágicos acontecimentos transmitidos foram por famílias conversas. O menino Miguel de Cervantes ouviu-os da boca da avó, Leonor de Torreblanca, que por sua vez as ouvira pelo relato da mãe, Isabel Fernández, filha de rico mercador cordobês. Ao bisavô de Cervantes, Juan Díaz de Torreblanca, médico converso, tinham-lhe impingido a fabulosa acusação de envenenar os doentes de famílias cristãs-velhas.

Até o nascimento de Cervantes a sanha de velhos contra novos cristãos não iria deixar de radicalizar-se até atingir com o *estatuto de limpeza de sangue* a mais furiosa virulência.

A Inquisição, cujo início na Espanha fora autorizado por bula do papa Sisto IV de primeiro de novembro de 1478, o terror instituiu. Nos três primeiros anos, após seu estabelecimento em Sevilha, foram queimados em diversas vilas e cidades cerca de dois mil homens e mulheres

As famílias judias conversas espanholas estavam convencidas, dadas suas demonstrações externas de sincera cristianização, que dela nada tinham que temer. Sem embargo, para o inquisidor Torquemada eram os principais suspeitos: "Ele teve um cão que ao passar junto a um judeu lhe mordia a capa; e com deter-se dizia Torquemada: 'Prendam este judeu'." O próprio tesoureiro da catedral de Córdoba, Pedro Fernández, cristão-novo de origem judia, foi queimado como *herege*.

Tinham nascido já os avós de Cervantes e Leonor de Torreblanca quando estourou o chamado "caso do Santo Menino da Guarda". Alonso Franco, judeu converso da Guarda — em terras toledanas —, suspeito de judaizar, apavorado pela visão dum auto-de-fé em Toledo, conselho pediu a "físico feiticeril de Tembleque". Traumatizado vivia pela conjectura de que em próximo auto-de-fé pudesse passar de espectador a vítima. Os intrigantes de Toledo inventaram a calúnia de que por conselho do mago Alonso Franco misturara hóstia consagrada com o coração de menino cristão para livrar-se das garras inquisitoriais. Essa trágica história terminou como desde o primeiro dia temera que finalizasse Alonso Franco: após submetê-lo a tortura para que confessasse o que não tinha feito, foi executado em auto público celebrado em 16 de novembro de 1491, em Ávila. Tais fatos serviram de pretexto e mola a uma série de agitações em cadeia de todo manipuladas. Meses depois, e em conseqüência delas, os Reis Católicos assinaram, em 31 de março de 1492, o decreto de expulsão dos judeus. Foi o macabro final do opressivo e gigantesco ato de ação de graças pela conquista do reino de Granada, último reduto muçulmano na Espanha. Em números redondos, tal decreto redundou na morte de vinte mil judeus durante o êxodo e em mais de cinqüenta mil batismos forçados. Era, como disse um cronista, o infame "triunfo da fé"

Os Cervantes, os Torreblancas, os Cabreras e os Cortinas, todos os antepassados de Miguel, assistiram a esse desenlace aterrados, mas ao mesmo tempo com o pressentimento de que tal expulsão significaria de sua perseguição o fim. Os judeus não cristianizados, pensaram, de bodes expiatórios tinham servido Candidamente supuseram que o batismo, a cristianização das famílias e a entrada em ordens eclesiásticas lhes serviriam de panacéia contra a suspeita. Não podiam imaginar que precisamente no ano do nascimento de Miguel de Cervantes a suspeita, como "martelo de hereges", entraria, institucionalizando-se, no aparato legal da Espanha com o *estatuto de limpeza de sangue*.

Na rua de la Imagen, choramingava Miguelito Cervantes no bercinho, mas teria aberto o bué se com a cabecinha de recém-nascido tivesse podido compreender o desastre que se abatia sobre os conversos judeus espanhóis desde a proclamação do *Estatuto de Toledo*. A ternura era violência, a fama infâmia, o encanto crueldade, o crime purificação, e o amor, alegoria do tempo e da morte. O poder rejeitava o arrependimento libando o pútrido beijo do ídolo.

Tempos de Inquisição, intolerância, fanatismo, tempos de desarmonia e barbárie. Cervantes pôde ver que por mera discrepância de critérios se levava à fogueira o heterodoxo, com a consciência dos acusadores reconfortada pelo dever cumprido. Faraônicas vinganças e represálias neronianas em pé não deixavam nem as famílias sequer.

Após dar o golpe de misericórdia ao herege, a honra ensambenitavam-lhe por todos os séculos dos séculos com a tranqüilidade com que Stalin, quatro séculos depois, condenou a morrer seu mais sagaz camarada: Leon Trotski. Prêmio Nobel de Literatura e notável pintor mexicano, braços dados, felizes e contentes, organizaram o assassínio do cismático comunista. Meses depois a tarefa concluíram dois mercadores da vindita política, mãe e filho, com coração pétreo mas de prazer a babar, como nos tempos da Inquisição.

Contagiante, a violência: em 1930, com rigor de Torquemada, André Breton escreveu no *Segundo Manifesto* que "o mais singelo dos atos surrealistas consiste em sair à rua, empunhando revólveres, e sem motivo algum disparar até não mais poder contra a multidão".

Por sorte surrealistas inquisidores desarmados e sem poder tiveram de mitigar a violência. Na falta de picaretas ou boas pistolas, armaram-se de injúrias ou calúnias. Antonin Artaud, o mais quixotesco de todos, da fogueira não pôde escapar. Breton afirmou tê-lo visto "ladeado por dois policiais e a lançar outros vinte contra os ex-amigos após ter planejado numa delegacia a prisão dos membros do grupo".

Se violência é fundamento de sociedade, precisa-se de bode expiatório para canalizá-la. Em suas memórias Goytisolo (*En reinos de taifa*, Seix Barral), com coragem intelectual nada comum, narra incidente de fins dos anos cinqüenta. Jean-Paul Sartre escreveu análise imerecidamente elogiosa e longa duma de minhas obras. Propunha-se publicar em *Les Temps Modernes* minha peça teatral e seu ensaio de cinqüenta páginas... "A notícia deixou-me de mau humor", escreve Goytisolo, "como se um intruso me tivesse invadido o território e seu talento pudesse pôr em perigo o meu: o fato, comentado por mim, escandalizou igualmente os companheiros de militância. Seguindo-lhes os conselhos, recorri muito democraticamente a Simone de Beauvoir para impedir o 'despropósito': Arrabal — disse-lhe eu — é idealista, reacionário, e discorda de nossa luta; sua promoção por Sartre será desorientadora para muitos e, como quer que seja, prejudicará a causa do antifranquismo. Em conseqüência disso Sartre não escreveu o prólogo, e meus amigos e eu saboreamos sem rubor a mesquinha vitória."

Anos depois um círculo de jocosos e franquistas, com mais poder que graça, decidiram mandar-me para o cárcere por doze anos em razão de eu ter escrito dissidente dedicatória. Matilha de difamadores e modernos inquisidores, fizeram carga contra mim sem imaginar que, providentes, com a democracia virariam do azul da falange para o vermelho do poder. Garatujaram, a molhar penas em peçonha, acusações públicas contra quem, por então preso, não podia responder. O mais engraçadinho pediu minha castração. Ignorava o espontâneo emasculador que a castração geralmente, longe de intimidar, a rebeldes asas lhes dá: Abelardo, após a ablação da virilidade, converteu-se no pensador mais subversivo da época.

Com sua obra Cervantes tentou substituir a tolerância à virulência.

*Brasão dos Cervantes*

# 3

O registro de batismo de Cervantes traz a data de 9 de outubro de 1547, apesar de ele ter sido cristianizado em 19 do mesmo mês. Nesse tempo ainda não se tinha levado em conta a Correção Gregoriana, que começou a transformar o calendário em 9 de dezembro de 1582. No fólio 192 do livro de batismos da igreja de Santa Maria Maior, o bacharel Serrano assina e rubrica o seguinte registro:

"[...] domingo nove dias do mês de outubro Ano do senhor de mil/quinhentos e quarenta e sete anos foi batizado miguel/filho de Rodrigo de cervantes e sua mulher dona leonor/Juan pardo foi o padrinho e o batizou O Reverendo bartolomé/seRano Cura de nossa senhora e testemunhas foram baltasar vazqz. sacristão/e eu q. o batizei e firmo meu nome//"

Graças ao registro o padrinho, Juan Pardo, o padre que o batizou, o bacharel Bartolomé Serrano e o sacristão Baltasar Vázquez entraram para a história, pela primeira e última vez.

Uma dezena de cidades espanholas pretendem ter a honra de ter sido o berço de Cervantes. O próprio Cervantes declarou em 10 de junho de 1593, em defesa do íntimo amigo, e cúmplice de libertinagem, Tomás Gutiérrez, ser "vizinho da vila de madri e natural da cidade de córdoba". Tomás Gutiérrez, comediante doidivanas e obsequioso, queria assentar a cabeça e ser admitido na Confraria e Irmandade do Santíssimo Sacramento do Sacrário da Catedral de Sevilha. Para ingressar em tão pouco sodomita fraternidade, exigia-se ser filho e neto de cristãos-velhos sem nenhuma ascendência moura ou judia e nunca ter sido, nem o candidato nem a família, penitenciado pela Inquisição. Para poder apadrinhar o bom amigo, Cervantes assegurou, contrariamente à verdade, ser natural de Córdoba.

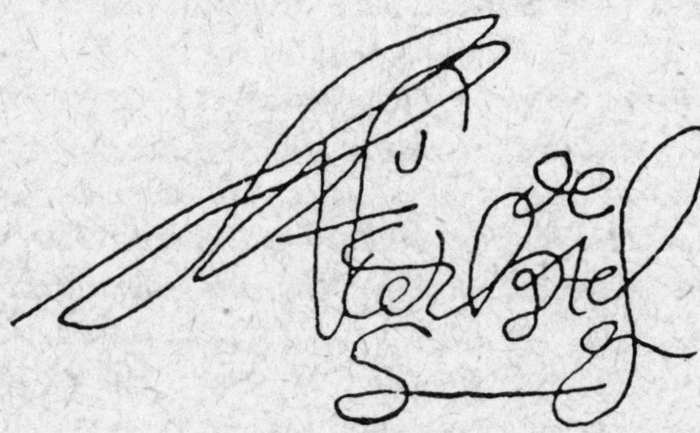

*Assinatura do pai de Cervantes*

A cidade de Esquívias também disputa o privilégio de ser a pátria de Cervantes. Curiosamente essa informação chegou-nos por livro de Tomás Tamayo de Vargas intitulado *Reunião de livros a maior que jamais viu Espanha*. Livro que, publicado em 1624, considera Cervantes, como se fora pouco, "gênio inculto".

Consuegra dispõe também de livro de batismos em que figura um possível Cervantes: "Em primeiro do mês de setembro de 1556 anos, eu Diego Abad de Árabe, clérico, batizei miguel, filho de miguel lópez de Cervantes e de sua mulher María de Figueroa." Documento redigido quando Cervantes... tinha já nove anos.

Também Sevilha pretende ser-lhe local de nascimento, e muito especialmente Diego Ortiz de Zúñiga, autor dos *Anais de Sevilha*, florilégio de sevilhanos de alta cepa escrito em 1598.

O poeta e comediógrafo Andrés de Claramante afirma em *Letania moral*, publicado em Sevilha em 1613, que Cervantes é toledano, e rubrica-o com poema:

Porém, Leocádia, já ao som
do Tejo em areias de ouro,
um Cervantes e um Chacón
vertem do bico sonoro
doce e respeitoso tom.

*[Pero, Leocadia, ya al son / del Tajo en arenas de oro, / un Cervantes y un Chacón / vierten del pico sonoro / dulzura y admiración.]*

Como se fora pouco, no índice de talentos declara que "Cervantes é... o digníssimo autor d'*O Quixote*".

Segundo interessadas fontes de vizinhos mais ou menos ilustres, nos livros paroquiais de Lucena ou Alcáçar de San Juan encontram-se documentos que atestariam a presença dum "Miguel de Cervantes".

Luis López Fernández, mais conhecido por "doutor póstumo", assegura que em registros de batismo e de herança se encontram documentos com o nome Cervantes: "Homônimos, tão freqüentes em sobrenomes patronímicos."

E faltar não podia, claro está, cervantistas que afirmem ter Cervantes nascido em Madri. Para isso se valem de *Viagem ao Parnaso* e sobretudo da silva VIII de *Laurel de Apolo*, que publicou em Madri, em 1630, Lope de Vega. Nesse poema se inclui Cervantes no conjunto de poetas madrilenos.

Inconsciente dessas disputas patrioteiras, Cervantes realizava façanhas às apalpadelas nas fauces do crepúsculo. Recolhido em humilde concha, como o fascinavam as delicadezas misteriosas!

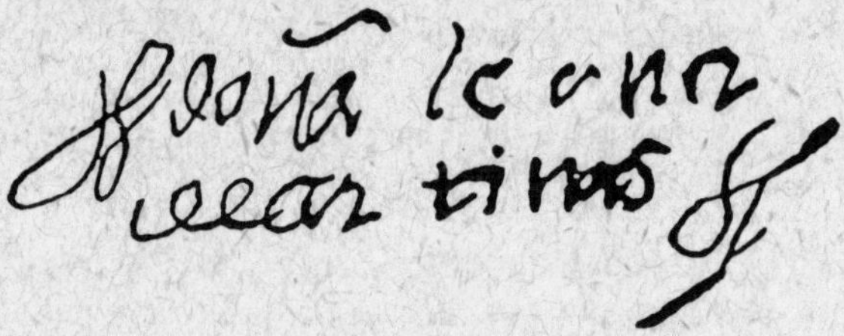

*Assinatura da mãe de Cervantes*

*Suposto retrato de Cervantes. Corresponde a um quadro do pintor sevilhano Pacheco*

# 4

Não se soube na casa dos Cervantes, nem em Alcalá, nem em Salamanca, nem sequer nos palácios de Madri ou Valhadoli, que no ano de 1547, data do nascimento de Miguel, o mui jovem duque de Moscou, futuro e temível Ivã, o Terrível, entrava para a história com título de czar. Não adivinhou a Coroa de Espanha a importância de sua presença na Ásia Menor e no sul da Europa do Leste. Ivã, o Terrível, os cnates da Criméia, os cazãs e os astracãs estavam transformando essa região do mundo, a clamar crueldade e candura. Primeiríssimo ato foi a decomposição do até então indomável Império Otomano, processo que anos depois teria Cervantes por testemunha.

Nenhuma dessas notícias aos ouvidos do pai de Miguel, senhor Rodrigo de Cervantes, chegou, e não apenas em razão da surdez. Representava o senhor Rodrigo o último e sofrido ramo de "família decadente". Para ganhar a vida, teve de resignar-se com exercer ofício de cirurgião-barbeiro.

Por artes de berliques e berloques, capaz sentia-se de curar sarampos ou remediar blenorragias. A expedita maneira de exercer a profissão sérios problemas acarretou-lhe. O marquês de Cogolludo, escandalizado com o tratamento dado ao filho, a pagar negou-se maravedi algum ao cirurgião-barbeiro. De pouco serviu ao senhor Rodrigo o recurso aos tribunais, como se verá adiante.

Tentava com essa ocupação continuar a profissão dos ilustres antepassados... no mais baixo escalão. Juan Díaz de Torreblanca, bisavô de Miguel de Cervantes, médico tinha sido, assim como o tio Juan; mas Rodrigo, insociável, macambúzio e azarento, rebaixou a ambição exercendo ofício que pouca relação tinha com o que hoje chamamos cirurgia. O cirurgião-barbeiro era curandeiro e não médico; enfermeiro e não doutor em medicina; em verdade barbeiro, ainda que tivesse por função fazer sangrias.

Do alcance de seus conhecimentos dá indícios sua biblioteca, arrestada em Valhadoli poucos anos depois do nascimento de Miguel. Composta era de três livros: *Das 4 enfermidades*, de Lobera de Ávila, *A gramática latina*, de Elio Antonio de Lebrija, tão simpaticamente conhecido então por Antonio, e o livro provavelmente mais folheado, *Prática em cirurgia*, de Juan de Vigo.

Morto o avô, Rodrigo Cervantes, sem ocupação senão o mau humor nem especialidade senão a surdez, fez frente à vida escolhendo ofício que aviltava a glória profissional da família.

Por esposa escolheu outra Leonor, pois que Leonor a mãe também se chamava: dona Leonor de Cortinas casou-se em fins de fevereiro de 1543 com o pai de Cervantes. Muitas Leonoras intervêm na obra de Cervantes, personagens que a tudo levam de roldão entre penumbra e reverberações. Nenhum Rodrigo aparece: o cirurgião-barbeiro modelo é de inépcia ou fanatismo. Dona Leonor, para tentar libertar o filho Miguel, preso como escravo no banho de Argel, fingiu-se viúva: o marido, além de acanhado e insociável, era esposo pouco apresentável. Teve o bom gosto dona Leonor de nascer em Barajas (hoje aeroporto da capital da Espanha), graças a que, ao aterrar em Madri, os admiradores a recordamos. Mulher generosa, levou no dia das bodas "alguns de seus bens" por dote. O marido, *in articulo mortis*, lembrou-se dela no testamento, feito em Madri pouco antes de morrer:

"Digo e declaro que no tempo e quando esposei Dona Leonor de Cortina, minha mulher, a sobredita trouxe a meu poder certos bens dotais seus, que não me lembro que quantidade nem os que foram: esta declaração deixo que a dita Leonor de Cortinas, minha mulher, diga-o e declare, e que isso seja considerado válido porque ela não dirá senão a verdade, e quero e é minha vontade que se lhe dêem meus bens e com eles lhe paguem sem que se lhe ponha impedimento algum."

Cervantes, porém, mais ligeiro que rolha a piruetar sobre ondas, queria confundir-se com a iniciação e com a ambigüidade. Vontade dava-lhe, a súbitas, de correr tomado pelo desejo de renovar-se completamente.

*Retrato de Cervantes de autoria de D.J. Ferro (1791)*

# 5

À casa dos Cervantes chegava o vozeio dos cinco mil alunos de Alcalá, o qual vivificava a cidade com frescor adolescente. A caixa de ressonância que formava a Universidade, também o era de reflexão. Para muitos, primeira universidade da Espanha; para alguns, "melhor que Salamanca"; e para o fundador, Cisneros, "muito superior à Sorbona".

Os Cervantes viveram por três anos em Alcalá de Henares. Salvo bulício e alvoroço, pouco conheceram do mundo universitário que a suas portas estava. Universo que com tanta alegria recebeu o encarceramento do rei de França. Era Francisco I o inimigo: traidor sem palavra nem honra, jurado tinha falsamente, em Madri. Vencido e feito prisioneiro na memorável batalha de Pavia... que tantas páginas heróico-épicas inspirou nos livros de história espanhola durante séculos quanto silêncio ou discrição nos comentários históricos dos vizinhos de além-Pireneus. Não se sabia com certeza em Alcalá o que tinha prometido e jurado o rei francês ao espanhol. Sabia-se, porém, do desejo de Carlos V de recuperar a idolatrada terra de Borgonha, pelo reino da França "roubada a seus antepassados". Tanta paixão e amor em verdade lhe inspirava a terra dos antepassados, que teria dado toda a América, as duas Sicílias e, muito provavelmente, até Castela e Leão para recuperar o sepulcro de Carlos, o Temerário. Carlos

V mantinha detido em madrileno cárcere o "fraterno amigo"... por quem chorava. Esperava recuperar, graças à vantagem da situação, o que, pensava ele, era seu, sem empregar violência nem tortura, armas que nunca teria utilizado contra o "mui amado irmão". Não obstante, pressionou de tal maneira o refém, que conseguiu arrancar-lhe a assinatura do acordo leonino. Francisco I, uma vez livre e em Paris, pôde, não sem papelada, defender ante a Sorbona e diante do Papa a tese de *nada devo, fui forçado*. A morte de Francisco I era para áulicos e borgonheses castigo de Deus... e vingança da Borgonha.

A morte de Lutero, a de Henrique VIII e a de Francisco I significaram em Alcalá o triunfo, por divina mão, do rei "espanhol", Carlos V. Os Cervantes preferiam conhecê-lo pelo epíteto "rei borgonhês". Sabiam que o monarca ansiava ser enterrado no coração da Borgonha, Dijon, junto aos queridos antepassados Carlos, o Temerário, e Felipe, o Bom. Os descendentes dos comuneiros, receosos, seguiam murmurando contra aquele de flamenga corte. Suas repetidas ausências da Espanha tinham terminado por semelhar irritante rotina de poder. Sem embargo, quando se soube da vitória de Carlos V em Mühlberg contra "hereges" luteranos e do encarceramento do grande eleitor da Saxônia, Frederico, precisamente no mesmo ano em que nasceu Cervantes, Alcalá e sua Universidade imaginaram que a Espanha enfim triunfava "no mundo dos inimigos".

Inspirou Carlos V lendas, e não apenas no âmbito universitário. Ecos chegaram à casa dos Cervantes de seu "extraordinário nascimento em Ganda". Em 24 de fevereiro de 1500 dona Joana, a Louca, apesar de prestes a dar à luz, decidiu assistir à festa de Prinsenhof. Apaixonada, vivia dona Joana em razão do amor pelo marido, Felipe, o Belo. Em verdade, se de crer são as imagens de retratos a óleo da época, não merecia o remoque com que para a História passou. Mas como o neto, que reinaria com o título de Felipe II, o Belo gostava das flamengas. Conta-se que avô e neto, cada um em sua época, ou seja, com quarenta anos de diferença, saíam de noite por ruas e ruelas de Amberes ou Bruxelas para "*courir le guilledou*". Dona Joana assistiu ao baile de Prinsenhof para vigiar o mulherengo marido. Quando, no meio da noite, sentiu no ventre forte dor indeterminada, pediu ao séquito que a levasse ao "bom retiro". Dona Joana, que segundo históricos testemunhos ia vestida de majestosa forma, acomodou-se nas tábuas colocadas em cima de enorme cuba para excremento e urina e, forcejando o mais que podia, evacuou o que no ventre tanto tormento lhe causava: o imperador dos dois mundos nasceu de supetão, e prestes esteve a morrer em sopa de excremento e urina.

Anos depois souberam os Cervantes da abdicação desse rei, exatamente nove anos após o nascimento de Miguel. Na sexta-feira 25 de outubro, pouco antes das três da tarde, o imperador, vestido de negro e com uma única jóia: o Tosão de Ouro, coroa e reinos cedeu ao filho Felipe II. Carlos V falou em francês. Fez resumo de sua obra e vitórias. Assegurou que lutara e combatera "*non par une ambition désordonnée de commander à beaucoup de royaumes*", e sim pelo bem dos Estados. Como surpreendera — e a alguns até escandalizara — saber que o rei de Espanha se debulhara em lágrimas: "Se me deixo levar pelo pranto, não pensem que seja pela soberania que perco, senão porque tenho de ir-me do país em que nasci"... Em nome de Felipe II, ajoelhado diante do pai, falou o alcaide de Amberes e, depois, o bispo de Arrás, sempre em francês. Esse rei, que começara o mandato sem nem uma palavra de espanhol saber, concluiu-o em francês e em Bruxelas. Talvez, ali onde todos os rios se encontram, terá sorrido ao reconhecer Victor Hugo, que o exaltou como o monarca espanhol por excelência: "*Au secours, Charles Quint!*"

A morte de Henrique VIII também pareceu espanhol triunfo aos universitários da antiga cidade romana de Complutum. Alcalá assim se chamava segundo Plínio em *História natural*, embora seja possível Complutum ter sido fundada em época de grega dominação. Aos Cervantes divertia saber que, quando Alfonso VI, rei cristão, a cidade reconquistara, o nome árabe lhe mantivera: Alcalá. Cidade em que Henrique VIII, tanto para mexeriqueiros populares como para eruditos universitários, era joguete de Ana Bolena, dama de honra de sua esposa e "libidinosa cadela". Abjeta personagem, segundo os detratores, responsável pela criação de sediciosa Igreja contra o poder do papa. O mais imperdoável para clero e professorado de Alcalá era que tão de Espanha constante inimigo se separasse da esposa... a espanhola Catarina de Aragão, humilhando-a publicamente. Mais que o morto para a cova, para o inferno!

Em verdade, os olhos do menino Miguel abriram-se para universo onde os adejos da esperança não se distinguiam dos estrondos do terror. Seu íntimo "eu" acostumara-se já a vogar, turbulento, até mesmo sem a tutela de sua própria vontade.

# 6

Em 1492 frei Francisco de Cisneros saiu do franciscano convento de Salheda para aconselhar a rainha Isabel, a Católica. Começou assim a história do cardeal Cisneros, que tão funda marca iria deixar em seu tempo. Os estudantes de Alcalá de Henares recordaram sempre que em 1500 o próprio cardeal Cisneros, fundador da Universidade após ter sido inquisidor, mas por então arcebispo de Toledo, mandara destruir em gigantesco auto-de-fé mais de um milhão de livros. Tentava emular Savonarola. Entre as distrações exemplares do monge florentino para distração dos fervorosos fregueses destacava-se o "julgamento de Deus" e sobretudo a "fogueira das vaidades". Depois da comunhão, dos hinos e das litanias da missa, uma procissão conduzia os fiéis até a praça da Senhoria de Florença. Rodeado de crianças — um como exército de delatores —, o fanático idealista intentava reprimir costumes dissolutos e vício. Sua utopia "revolucionária" tinha por cimento a pureza sem mácula. Esse antecessor de atuais fundamentalistas foi rei sem coroa, há exatamente meio milênio, da cidade de Florença, e modelo para quem com mão de ferro governava a Espanha, o cardeal Cisneros. Em Florença construiu Savonarola pirâmides que representavam infernos. Nos lanços crianças inocentes lançavam à fogueira "as vaidades": livros heréticos, retratos de belas pecadoras como Cleópatra, perfumes, máscaras... e tabuleiros e peças de xadrez. Depois de purificarem com água benta os objetos, queimavam-nos recitando um te-déum. Não obstante, apenas quatro anos após o triunfo, em 28 de maio de 1548, Savonarola, "ajudado pelo suplício da estrapada", confessou-se impostor. Enforcado e queimado foi entre risos e insultos: "Faz um milagre agora, profeta!" Espectadores houve que o cuspiram e apedrejaram, enquanto o verdugo prolongava sadicamente o suplício. Ensangüentados os pés: alguns "graciosos" tinham cravado pontas de ferro no palco onde a forca se erguia. Imobilizadas as mãos, receava Savonarola exibir as "partes pubendas", mas negou-se o verdugo a atar-lhe a curta camisa às coxas.

Após esses autos-de-fé multitudinários da cidade de Florença, viu o começo do século XVI a multiplicação de livros pela imprensa e o auge da Reforma Luterana. A *Pragmática de 8 de julho de 1502*, promulgada pelos Reis Católicos, proibiu "aos livreiros, impressores e mercadores... imprimir livro qualquer... sem que primeiramente tenham para isso nossa licença e especial mandato".

Em 1º de setembro de 1547, quarenta e cinco anos depois da *Pragmática* e no mesmo ano e mês em que dona Leonor deu à luz Miguel de Cervantes, publicou a Espanha o primeiro *Índex geral expurgatório de livros proibidos*. Assumiu a tarefa a Inquisição com o consentimento do imperador Carlos V e bênção papal.

Com grande expectativa foi lido o primeiro *Índex de livros proibidos*, como no futuro se iria chamar. Repertório em que desfilariam em rápidas mas exemplares visitas ou em tão prolongadas como honrosas estadas muitos dos maiores pensadores ou escritores da humanidasde, de Platão e Aristóteles a Baudelaire e Rimbaud.

Viu esse primeiro edito a luz à sombra e cinza de fogueiras. Era em verdade cópia do catálogo do imperador Carlos V promulgado em sua mais efervescente Universidade, a de Lovaina.

Não se incluía no rol nenhuma das obras do futuro distante mestre de Cervantes: Erasmo. Grande e sufocante desgosto causou ao bispo de Lieja semelhante ausência. Contava o prelado com a condenação do diabo de Roterdã para dar um carolo nos "cabeças-de-vento" que em suas terras se tinham deixado levar pelas teses renovadoras do sulfúreo filósofo. Copiou o inquisidor geral de Espanha o livrete flamengo e acrescentou livros de sua safra ou, para dizê-lo de maneira cáustica e ferina: "Libelos de daninha erva reformadora. Florilégio da infâmia" intitulado *Memorial*, com livros especialmente proibidos pela Inquisição espanhola. Embora esse hispânico apêndice, florilégio ou *memorial* não tenha sido encontrado, é de supor, dado o zelo dos censores, a inclusão em seu repertório da Bíblia, das Epístolas e das poesias em romance. Não debalde era a Espanha "ponta de lança do cristianismo": com o *Índex* uma vez mais se mostrava "mais papista que o papa". Chamou a atenção tanto nesse índex como nos seguintes a relativa tolerância, que seguia o flamengo modelo, para com a obra de Erasmo. Incomum favor devido à paixão de Alcalá pelo erasmismo.

As vítimas guardavam na boca ressaibo de cinza. Às vezes invejavam a felicidade das alimárias.

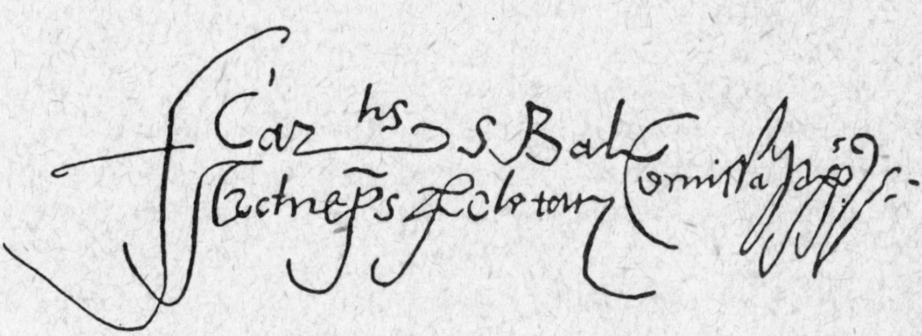

*Assinatura do cardeal Cisneros*

# 7

O colégio de San Ildefonso, da Universidade de Alcalá de Henares centro, situava-se a poucos metros da casa dos Cervantes. Sua principal porta dava para a praça da Universidade; mas uma secundária permitia acesso pela praça do Mercado. Dona Leonor, mãe de Cervantes, nele se ia abastecer dando uma centena de passos na rua Mayor e passando à esquerda pelo hospital de Antezana e à direita pelo colégio dos Irlandeses.

Com cinco faculdades, Artes e Filosofia, Teologia, Direito Canônico, Letras e Medicina, a Universidade tinha já trinta e sete anos de ensino no ano do nascimento de Cervantes. Seu criador, Cisneros, quis fazer dela a primeira universidade do mundo civilizado. Desejava o cardeal renovar nas salas de Alcalá a teologia espanhola à sombra de Duns Escoto. Buñuelesco centro de estudos à maneira da *Via Láctea*, diversos teológicos conceitos enfrentaram-se com vivacidade e eloqüência sem iguais no restante do mundo ocidental.

Duas classes de estudantes nela se encontravam: ricos, oriundos de grandes colégios, e *chofistas*, de pequenos. *Chofistas* derivava de *chofe*, bofes — dados de alimento pelos grandes aos pequenos. Já então existia a subclasse social que se conservaria até os anos setenta: *filhosdalgos*... de famílias decadentes. No centro de Madri, na Corredera, o convento das Teresianas foi até muito poucos anos atrás instituição para *senhoritas da aristocracia decadente*.

Por ordem de Cisneros capas e bolsas de estudantes deviam ser roxas. Roxas... violeta, como a flor da paixão. Estudantes instruídos para lhes aumentar o saber, mas mortificados como penitentes para ser exemplo cristão. Roxo austero de nazareno, alegrado e alvoroçado pouco a pouco por todas as cores da paleta: capas houve brancas, vermelhas, verdes e até cor-de-rosa... ainda que com barrete preto.

Estudaram na Universidade de Alcalá o irmão bastardo do rei, dom Juan da Áustria, futuro generalíssimo da Santa Aliança na batalha de Lepanto, e o filho do rei, dom Carlos.

Na cidade, como na Florença de Savonarola, proibiu-se qualquer jogo de cartas "a dinheiro" e o jogo de dados, e... exigiu-se que "os moços de labuta" trabalhassem "até o pôr-do-sol", labor que tinha de começar "hora e meia depois da aurora".

Apesar das precauções, centro foi a cidade de mancebias, brigas e jogos, por Quevedo em *O gatuno* e Mateo Alemán em *Guzmán de Alfarache* descritos. Trapaceiros, rufiães, prostitutas e pícaros abundavam com sua coorte de pândegas e doenças. Cervantes em *O colóquio dos cães Cipião e Bergança* — que tanto inspiraram Freud, que ele se deu como pseudônimo na adolescência o nome do segundo cão — escreve que, "dos cinco mil estudantes que estudavam aquele ano na Universidade, dois mil cursavam medicina... e infiro que ou esses dois mil médicos hão de ter doentes que curar (que seria farta praga e má ventura), ou hão de morrer de fome". Curou talvez Rodrigo de Cervantes alguns desses cinco mil bulhentos estudantes. Havia teatro na universidade, e estudos dramáticos semelhantes aos das modernas universidades. Em salas do centro docente se formavam não só dramaturgos mas também atores e maquinistas.

Alcalá, terra de conversos, contava quatorze cátedras de Línguas, Retórica e Gramática, quatro de Medicina, duas de Anatomia e Cirurgia, oito de Artes, uma de Filosofia Moral, dez de Teologia, seis de Cânones e apenas uma de Matemáticas. Conjunto dividido em Colégio Maior e sete menores. Faltava apenas cátedra de Direito Civil. O cardeal Cisneros não quis ver em seu sublime centro de ensino os desprezados "leguleios".

Com solenidade recebeu Alcalá a visita do cardeal-arcebispo de Toledo, o sinistro Juan Martínez Guijarro. Humilde de origem, para fazer crer que nobres antepassados tinha, mudou o modesto Guijarro do sobrenome para latino Silíceo. Muitos danos e dores causou à Espanha durante séculos com a criação do *Estatuto de limpeza de sangue*, como já vimos. Entrou em Alcalá no Domingo de Ramos, quatro anos antes do nascimento de Cervantes. A seu encontro foi uma jovem brandindo desnuda espada, enquanto dizia:

— Ouve-me, ilustríssimo prelado, sou a Jurisprudência. Escuta uma desterrada infeliz e esquecida pelo grande Cisneros ao fundar a universidade, não me concedendo cátedra entre as demais; rogo-te que me dês lugar nos estudos!

De fato a jurisprudência... a justiça! não era ensinada na primeira universidade espanhola, e foi preciso passar quase um século para que Felipe II lhe permitisse entrar em Alcalá, depois de solicitar a especial "dispensação" do papa.

Era a justiça esquecimento onde entre muros de restos sibilava a sanha. Ancestrais anelos e delírios alcançavam de baixo os colchões do tempo.

*Medalha comemorativa da entrega da bandeira da Santa Aliança contra o turco*

# 8

Duelos e outros embates entre antigos e modernos da universidade chegaram aos ouvidos da família Cervantes. Defesa pelos primeiros do tomismo e do escotismo (a *Via Antiqua*), e do nominalismo de Guilherme de Occam por seus contraditores. Será vítima da confrontação a apoltronada Universidade de Salamanca. Ancorada em neotomismo de maior segurança, não viu chegar a impetuosa corrente renovadora. Rançosa universidade salmantina, mumificada por envelhecida tradição. Apesar disso a Igreja, apoiada anos depois pelo Concílio de Trento e com teológica armadura a prova de colubrina luterana, propugnou uma universidade católica, apostólica e romana... como a de Salamanca.

Altercações, polêmicas e porfias aos ouvidos dos Cervantes chegaram, embora não alcançassem o entendimento do senhor Rodrigo, e não apenas por surdez e pusilanimidade. Apoucado cidadão, incapaz de estudos cursar como o pai, o brilhante bacharel Juan de Cervantes. Pomposo título, o de cirurgião-barbeiro; peruqueiro de cavaleiros capaz de veias abrir ou de aplicar ervas de sete sangrias, ou enfermeiro com horas extras de tesoura e pente. Miúdas artes de submédico para fígaro de segunda e operador de ocasião. Biografia pouco rica, conquanto mais que sua fraldiqueira; mais dinheiro levou para casa com o ofício de barbeiro, e mais desgostos com o de cirugião.

Em igualar a fama do avô, o médico Juan Díaz de Torreblanca, sonhara o pai de Cervantes, mas em medíocre e mediano ofício entre curandeiro e empírico. Como concurso e porta se abria um portal: exame pouco prático e menos teórico a cargo de protomédico de larga manga e curto conhecimento. A surdez de Rodrigo escusada foi pela ampla tolerância do examinador a recomendações e propinas familiares. Teriam preferido vê-lo tornar-se professor de gramática como o ínclito e admirado Elio Antonio de Nebrija.

Com a contratação de Antonio de Nebrija a Universidasde de Alcalá de Henares mostrou suas ambições: de lado deixando o estudo do direito, dedicaria a universidade muita energia à Sagrada Doutrina. Nebrija poria erudição e talento de gramático latino primeiro e castelhana por fim a serviço da teologia. De passagem daria à língua castelhana gramatical estrutura.

Em 18 de julho de 1513, quatrocentos e vinte e três anos antes do início da incivil carnificina, a Universidade de Salamanca teve oportunidade, desperdiçada, de calar-se: a Nebrija negou a posição de *catedrático principal de gramática*. Preferiu o mestre Castillo, ante a satisfação de Alcalá, que imediatamente contratou o reprovado.

Vinte e um anos antes, enquanto Cristóvão Colombo se dirigia em linha reta para Manhattan, publicara Nebrija a primeira gramática em língua vulgar: *A arte da língua castelha*. Prodigiosa obra, majestoso esforço, prístina e assombrosa codificação do bom uso da língua castelhana.

O cardeal Cisneros reuniu em 1502 Nebrija, Lope de Zúñiga, o helenista Hernán Núñez, Pablo Coronel e o mestre Alonso, "que eram católicos convertidos de judeus, e mui doutos na língua hebraica e na caldéia". Formaram centro de estudos bíblicos no palácio de Cisneros, e em 1513 puseram em prensa os primeiros fascículos da Bíblia poliglota. Em poucos anos seiscentos exemplares vieram a lume em grego, hebraico, caldeu e latim. Proeza filológica do século, esteada nos avanços do processo de impressão.

Nebrija, precursor do eramismo, anunciou o imperial destino de Castela, lutou desde 1473 contra a "barbárie medieval" e sofreu vigilância e censuras da Inquisição. O inquisidor tentou, mais que condená-lo, dissuadi-lo de escrever.

Enquanto o menino Miguel de Cervantes articulava as primeiras palavras, tentava alçar Nebrija a universidade aos píncaros do humanismo europeu dos grandes centros docentes do Reno e da Itália. Colossal empresa de quinze anos, a Bíblia poliglota atrairia um após outro os mais notáveis especialistas, do hebraizante filólogo Antonio de Zamora ao erudito em grego Hernán Núñez. Em torno de Nebrija e da Poliglota se formaram grupos de humanistas.

A universidade preparava terreno para Erasmo... e para *O Quixote*. Cabeludos humanistas em terra conservadora e, para maior confusão e espanto, sob a égide de Cisneros, teses propunham tão modernas, que os mais prudentes se perguntam se ortodoxas eram.

Graças a Nebrija o bebê Cervantes escrever poderia, meio século depois, em castelhano digno do Quixote. Batalhas de Nebrija em defesa da língua, contra a "barbárie medieval", finalizadas com cabais vitórias.

Talvez já então Miguel estivesse andando, e seus dois "eus" súbito se observassem um ao outro. Iria esgotar os venenos da literatura para extrair apenas quintas-essências.

# 9

O terceiro duque do Infantado, dom Diego Hurtado de Mendoza, em 30 de abril de 1527 assentou a pedra fundamental do edifício que a esmagá-lo prestes esteve. Nesse dia, ao meio-dia, ele nomeou lugar-tenente de alcaidaria de Alzadas o senhor Juan de Cervantes, avô de Miguel. Tomava parte com isso do conselho de justiça que dom Diego fundara vinte e quatro anos antes para seus Estados administrar. Diz o documento:

"Eu, dom Diego Hurtado de Mendoza y de Luna de la Vega, senhor das casas de Mendoça e de la Vega, duque do Infantado, marquês de Santilhana, conde do Real e conde do Saldanha etc., pelo presente nomeio meu primo o bacharel Cervantes meu lugar-tenente [...]"

Nascido sessenta e seis anos antes, em 1461, dom Diego todos os títulos herdou, já aos quarenta anos, com a morte do pai. Como o próprio senhor Juan de Cervantes, dom Diego poucas barregãs teve, embora bastantes para dar-lhe três filhos e cinco filhas. O primeiro deles, concebido com ardor e recebido com entusiasmo, foi amante de María, irmã do pai e tia do pequeno Miguelito, primeira mulher da família Cervantes que "viveu de seu bico", como então se dizia. Aventureira amorosa como outras mulheres da família, nunca cruzou a fronteira da prostituição. Martín de Mendoza chamava-se o amante, embora pela alcunha de *Cigano* todos o conhecessem. Quando dom Diego tinha vinte e oito anos e era conde de Saldanha, no ano de 1488, foi a Guadalajara para ver espetáculo organizado por inspirada trupe de ciganos. Entre uma zambra e outra, dom Diego admirou da companhia a vivacidade, mas... sobretudo a formosura e a graça de María Cabrera. María, por tanto aplauso excitada, ousou dirigir-se a dom Diego para o cavalo pedir-lhe durante o jogo de canas. Dom Diego, fascinado, com deleite viu cavalgar a cigana. Um de seus jurisconsultos referiu a cavalgada, rebaixando-a: "Bem para o que seu feminil cérebro a obrigava."

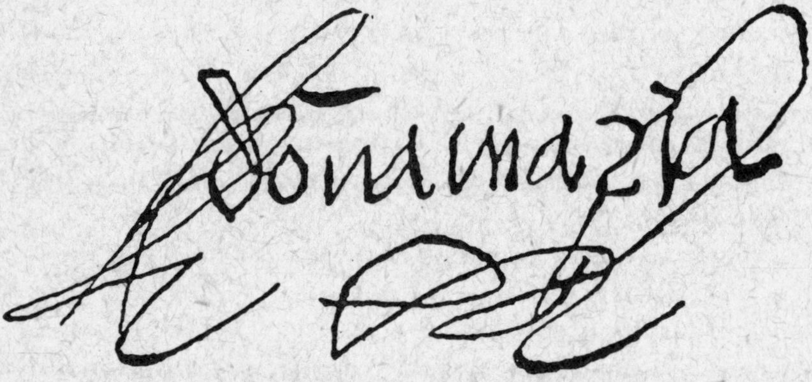

*Assinatura de María de Cervantes, tia de Miguel*

Terminou a tarde em presentes e a noite na cama. Dom Diego, já cansado do amorico, obsequiou María com uma pousada. Benito Pérez Galdós, quatro séculos depois, presentearia cada uma das amantes, ao romper com elas, não com uma pousada, mas com uma máquina de costura Singer. Ainda que não se tenha estudado tal comportamento odiosamente masculino, é de supor que por dupla consideração o fazia: compensá-las com algo não demasiado caro; pelo resto da vida poderiam suprir suas necessidades como costureiras. Mais: prevendo o erótico símbolo da máquina de costura para dadaístas e surrealistas, recordava perpetuamente com tal dádiva o ritmo masturbatório de suas relações.

Dom Diego presenteou com a pousada a cigana María Cabrera "para que sem peregrinar vivesse; e a partir de então, por muitos anos, a todos os ciganos do grupo, quando vinham a Guadalajara, depois de visitar a casa dos duques, como mui parentes de María, mostravam-lhes a pousada, com o que iam mui contentes de tal parentesco".

Predileção teve pelo "filho cigano" dom Diego: após dar-lhe esmerada educação e brilhante carreira eclesiástica, para ele pediu nada menos que o arcebispado de Toledo.

Dez anos tinha Martín de Mendoza, vulgo o Cigano, quando recebeu primeira tonsura de mãos bispais. Tinha dezesseis quando o próprio papa lhe outorgou dispensa para ganhar "benefícios eclesiásticos". Aos vinte anos era já arcediago de Talavera de la Reina, e logo seria amante de María de Cervantes. Aos trinta e dois anos cantou missa de solenes pompas:

"Adereçou-se a Igreja ricamente; houve uma suíça [espetáculo militar e cavaleiroso] mui luzida na praça do duque; erigiu-se no meio dela um castelo, e dentro dele estavam soldados em traje de mouros; outros soldados cristãos entraram a combatê-los; saíram em escaramuça mouros e cristãos; estes derrubaram o castelo com arcabuzes e mosquetes e renderam os mouros, e levaram-nos, cativos, aos pés do missa-cantante, que os pôs em liberdade." O velho duque dera luxos e complacências ao idolatrado filho, concebido com a cigana María.

Dom Martín de Mendoza, com tal fortuna nas mãos, de dilapidá-la encarregou-se, embora não da genial maneira do compatriota Salvador Dalí. Aos dezoito anos o pintor, segundo a irmã, a fortuna malbaratou: instalou barraca em Figueras com vários milhões de pesetas "do começo do século". Um cartaz anunciava o negócio: "Vendo duros a quatro pesetas." Vendidos todos os duros, outro cartaz pôs: "Vendo pesetas a cinco cêntimos." Após ter todo o dinheiro e fortuna dilapidados, foi para Paris. Na volta o pai recriminou-o: "Que faz você em Paris com pessoas de má vida, como Picasso, como Breton?" Dalí, na época com dezenove anos, enquanto o apostrofava o pai, abriu a braguilha. Masturbou-se a toda, recolheu na palma da mão o fruto da manipulação e ao progenitor atirou-o com sentidas palavras: "Isto você me deu, isto lhe devolvo, estamos quites."

Muitas vezes se arruinou o Cigano, mas o pai, o velho duque, sempre o socorreu. Quando dom Martín de Mendoza atingiu o que então se chamava a idade de Cristo, trinta e três anos, morreu Guillermo de Croy, arcebispo de Toledo. O Cigano ao pai pediu recomendações, subsídios e apoio para conseguir a mais ilustre mitra da Espanha. Muitas peripécias a respeito sucederam, e a menos característica não foi a tentativa do pai de o título comprar. Dom Diego Hurtado de Mendoza não conseguiu mitra toledana para o filho, nem sequer "outra dignidade eclesiástica", como solicitara em 30 de janeiro de 1523 ao próprio imperador.

Quatro anos depois da negativa, dom Martín, o Cigano, enamorou-se de María de Cervantes, mocinha "de grã formosura"... que, por idade, poderia ser-lhe filha. Relação correspondida e consumada. O avô de Cervantes e pai de María, após pedir sem sucesso ao Cigano que com a filha se casasse, exigiu-lhe a título de ressarcimento que subscrevesse obrigação de seiscentos mil maravedis.

Pela primeira vez notícias temos de processo jurídico-amoroso; outros semelhantes se repetiriam amiúde na família Cervantes. A obrigação dizia:

"[...] eu, dom Martín de Mendoza [...] digo que, por quanto sou obrigado a dotar a vós, María de Cervantes [...] por descargo de consciência [...] para vosso dote e casamento 600.000 maravedis em moeda corrente pelo dia de Natal, que será princípio do Ano vindouro de mil e quinhentos e trinta e um [...] e para segurança e garantia do sobredito [...] e tenho por fiadores e obrigados comigo mancomunadamente Pero Vázquez de Villarroel e Francisco de Ribera Mercarder [...] outorgamos esta carta de obrigação ante o escrivão e notário público e testemunhas abaixo escritas."

Após a morte do pai, em 1531, o Cigano deixar María tentou, após despedir Juan de Cervantes do cargo de lugar-tenente do Conselho de Justiça de Alçadas. Pleito entre Cervantes e Mendozas então começou.

Dona María de Cervantes processo abriu contra o Cigano. Em 2 de abril de 1532, quatro séculos antes do meu nascimento, o pai de Miguel de Cervantes acompanhou María e seu irmão Juan ao alcaide de Guadalajara, "o nobre senhor Francisco de Cañizares".

Dona María declarou-se mulher de menos de vinte e cinco anos, menor, e protegeu-se com a provisão dum curador *ad litem*: Martín Gonzáles de Encaja. Ao tribunal ele requereu que Martín de Mendoza se comprometesse a pagar a María, "e ao bacharel seu pai", os seiscentos mil maravedis. Pediu justiça e pagamento de custas.

O alcaide Cañizares cúmplice foi da casa do Infantado e de Martín de Mendoza. Desmascarado pela família Cervantes, fraudulentamente tentou dissuadir o aguazil hostil.

Dom Martín de Mendoza comportou-se durante o processo como moderno assediador sexual. Encarnou a repetida figura na família Cervantes do homem maduro apaixonado por uma das jovens da casa. Martín de Mendoza, como os companheiros de amor, fandangos, pleitos e penas, valeu-se de procedimentos reiteradamente esgrimidos por confrades de ardoroso leito e gélida desilusão. Negou de início os fatos e, diante do malogro, ameaçou a "seduzida" de escândalo. Estrépito infamante para reputação de donzela. Ruidoso processo durante o qual se lavaria roupa suja e lençóis brancos. A dona María, como às moças, não assustaram ameaças nem chantagens. Intrépida, litigou sem recear escândalo nem abrandar a ânsia de reparação.

O procurador, às ordens dos Mendozas, pergunta às testemunhas se ouviram ou viram que dom Martín "teve amores e intercurso sexual com dona María [...] se a teve por manceba publicamente, vendo-o e sabendo e consentindo o bacharel Juan de Cervantes", seu pai, "acolhendo de dia e de noite o senhor Martín em casa para dormir; e como dormiu numa cama com Dona María [...] consentindo o bacharel que Dona María, sua filha, estivesse e dormisse em casa do senhor Martín, que assim foi e é público e notório nesta cidade que o bacharel o sabia e consentia e recebia muitas dádivas e subsídios e favores, bem como a mulher e filhos do senhor Martín, pela razão de o deixarem ter por amiga a filha".

Durante dois anos de concubinato o apaixonadíssimo Cigano dadivou a tia de Cervantes com mais de cinqüenta prendas, entre as quais figuram:

"Cinqüenta ducados,
mais outros quarenta ducados,
um forro de marta,
mais vinte e dois mil, cento e setenta e cinco maravedis,
uma corrente de ouro,
um bracelete de ouro com cinco safiras,
um frasco de perfume de ouro,
um barrilzinho de ouro com uma pérola no meio,
uma esmeralda,
três anéis: um, uma rosinha de diamantes, outro, de rubis, e o outro, um diamante lapidado,
um reloginho de prata,
um relógio,
uma túnica de veludo preto,
dois casacos de marta forrados de cetim preto,

um colchão de Holanda,
um colchão de Rouen,
uma egüinha branca com arreios de veludo,
dois castiçais de prata,
um jarro francês de prata,
um barrilzinho de prata,
um caldeirãozinho de prata,
um xícara de prata,
uma malga de prata,
mais quarenta e seis mil, seiscentos e sessenta e seis mil maravedis,
mais cem mil maravedis,
mais cento e vinte e quatro botões de ouro [...]."

Amedrontador interrogatório urdido nos bastidores pelo Cigano. Dona María reconheceu ter coabitado vários meses com dom Martín: "[...] teve-a por manceba e pariu dele e é coisa pública."

O processo terminou tão bem para os Cervantes, que Francisco de Ávila escreveu a seu senhor:

"Deu-se a mais injusta sentença, ao parecer de todos, das que se deram em Valhadoli em vinte anos, e deu-a o alcaide Juanes, e convenceu o alcaide Çarate [...] e Juanes diz que disse publicamente que Cervantes era mui honrado e de mui bom caráter e naquilo mais não tinha podido fazer."

Defendeu-se até a última seteira o Cigano, mas teve por fim de pagar os seiscentos mil maravedis à vencedora do litígio. História e andanças de dona María de Cervantes, irmã do pai de Miguel, foram assunto de vizinhos e tema de conversa familiar. Curiosa história entrelaçada com a da Espanha... e com a dos Cervantes.

Miguel desceria aos esgotos do espírito, nos quais não pode cair a noite. Quando tentou erguer o olhar para o amor, assaltou-o a vertigem.

# 10

Rodrigo de Cervantes, após querelar contra o marquês de Cogolludo, ante o juiz pediu pagamento pelos serviços. Mudou-se para Valhadoli com o fito de aproximar-se do Tribunal de Justiça e acelerar trâmites.

Viajou com a prole, composta dos quatro filhos, Andrea, Luisa, Miguel e Rodrigo, após o falecimento do primogênito, Andrés. Acompanhou-o a mãe, dona Leonor, e, dona Leonor também, a mulher. A irmã María e a filha dela, Martina, fizeram parte da comitiva. Tinham-se passado já vinte anos do processo contra o Cigano. A "bastarda" Martina, provavelmente após receber dote do pai, casou-se anos depois com pessoa de bem de Alcalá, o senhor Díaz de Talavera, escrivão mor de rendas do arcebispado de Toledo.

O grupo chegou a Valhadoli em maio de 1551, socorrido pelo dinheiro que dona María conseguira com a venda da casa de Alcalá, na rua de la Imagen. Miguel de Cervantes não tinha feito ainda quatro anos, e já começava, talvez, a perceber que ao pai tratavam-no como mequetrefe a própria irmã e a mãe.

No arrabalde de Sancti Spiritus, de Valhadoli, dona María casa de dois andares alugou; na parte nobre, então a de baixo, instalaram-se dona María e a mãe, e na do alto, os quatro meninos e o casal.

Ter-se-á transformado o primeiro andar, como na última casa habitada por Cervantes, precisamente em Valhadoli e mais de meio século depois, em casa de tolerância? Terão tido os habitantes do segundo andar participação nos lucros do primeiro? Módicos foram: pouco antes de chegar ao arrabalde, o senhor Rodrigo empréstimo de quarenta e quatro mil e quatrocentos maravedis pediu. Como principal fiador da dívida apresentou-se Pedro García, menos espontâneo que amigo secreto e íntimo de dona María. Em 24 de junho de 1552 Rodrigo de Cervantes não pagou os vinte ducados devidos. Uma semana depois o corregedor de Valhadoli pediu "que o pusessem preso".

Como anos depois o filho, dom Rodrigo conheceu rigores e infortúnios de cárceres castelhanos. Excarceramento pediu alegando fidalguia, pois fidalgo era o filho de algo...

Peripécias jurídicas graças a que se conhece exaustivamente o mobiliário dos Cervantes. O escrivão Francisco Mateo de Morillas fez inventário dos bens. Dispunha o pai do autor d'*O Quixote* apenas "de um banco de nogueira e pinho e três cadeiras, duas delas quebradas, e uma só mesa de nogueira, um saio pardo velho, um cobertor felpudo, uma espada, uma viola, dois lençóis, uma tapeçaria de verdura [...] e travesseirinho, berço e colchão", estes talvez do menino Miguel.

Em 7 de novembro de 1552 foi libertado Rodrigo sob fiança, mas em 17 de dezembro devolvido seria ao cárcere. Solto em janeiro de 1553, pela terceira vez enjaulado seria, em 26 do mesmo mês. Conseguiu uma vez mais sair da prisão, mas, sob o peso de novas acusações, partir decidiria para terra de antepassados. Em carroça de má morte, em outubro de 1553, pela primeira vez na vida, com seis anos percorreu Miguel caminho que tão familiar lhe seria: o que ligava Madri a Andaluzia. Sessenta e duas léguas de terra cruzadas em algo mais de uma semana por oito viajantes para alcançar Córdoba. Cidade de 25 mil habitantes... ainda não recebera os cinco mil mouriscos fugidos de Granada em 1570.

Anelava já o menino Cervantes, na primeira viagem, tempos imaginários nas prístinas águas da existência. Sentiu-se pela primeira vez alma errante.

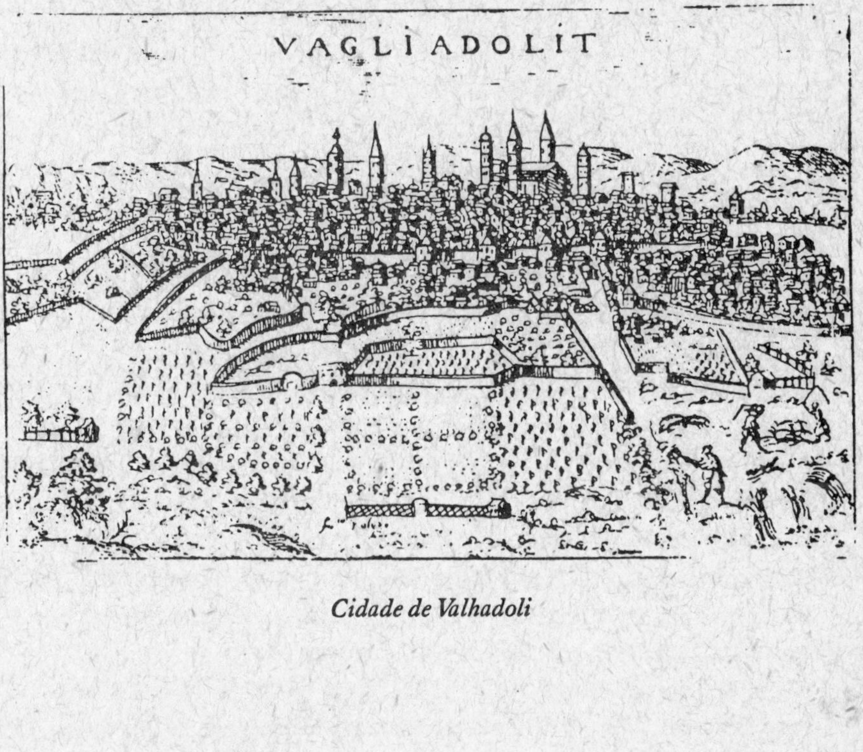


*Cidade de Valhadoli*

# 11

A família Cervantes não se sentiu responsável diante do poder estabelecido. Em declarações "oficiais" Miguel não se atém a sua própria biografia; tão pouco crédito dava às instituições oficiais, que nem sequer se ajustava ao rigor da autenticidade. Sabia, com Baltasar Gracián, que "as mentiras se fazem verdades".

Em 1593 assegurou aos juízes de Sevilha, transmutando barbeiro em inquisidor: "Declaro ser filho e neto de pessoas que foram familiares com o Santo Ofício de Córdoba."

Viveram em Córdoba os Cervantes de 1554 a 1557. Época de escola para Miguel. Em *Viagem ao Parnaso* afirma que desde os ternos anos amou "a arte doce da agradável poesia". Mas na mesma obra avisa: "Não duvides, caro leitor! não duvides, conquanto costume a dissimulação servir de aumento às demais virtudes."

Adolescente gracioso e rapaz sedutor, capaz de provocar paixão ao cardeal romano e ao bei de Argel, mas incapaz de dissimular a gagueira. Nas *Novelas exemplares* afirma: "Será forçoso valer-me de meu bico, que apesar de tartamudo não o será para dizer verdades." E em *Epístola a Mateo Vázquez*: "Minha língua balbuciante e quase muda penso mover na real presença."

Não era gago, porém, o pai de Miguel quando declarou, falsamente, em 16 de julho de 1552, ao tribunal de Valhadoli: "E tenho em Henares e em outras partes muita fazenda para poder pagar..." Não era verdade, desgraçadamente.

A avó, dona Leonor de Torreblanca, fazendo da mentira verdade, transformou no testamento solteira alegre em compungida viúva. Exemplo foi a avó de pressentimento da morte por parte de nossos antepassados. Pressentimento encontrado por Philippe Ariès em documentos do Antigo Regime. Semanas antes de morrer dona Leonor previu, com espantosa precisão, o próprio falecimento, e redigiu testamento: "Temendo a morte, que é natural, a qual pessoa alguma pode evitar, e porque a esse respeito o melhor remédio que posso haver é escrever e ordenar meu testamento, para mostrar por ele minha derradeira vontade."

Viveu a avó os derradeiros anos de vida a partir do momento em que seu dom-juan, o marido, Juan de Cervantes, se amancebou com... um mancebo. Formoso rapazinho "de 22 anos pouco mais ou menos, escravo de cor negra, de nome Luis", adquirido quando tinha quatorze anos. "Escravo conseguido em boa guerra e não pacificamente, livre de furto e de roubo e de dívida [...] que não é bêbedo nem ladrão nem fugitivo nem tem doença aparente nem gota-coral, nem é endemoninhado, nem tem enfermidade encoberta nem descoberta, nem bubões sifilíticos."

O testamento da avó começa com estas palavras:

"Saibam quantos esta carta de testamento virem que eu, Dona Leonor Fernández de Torreblanca, mulher de Juan de cervantes, defunto, que deus o tenha, residente nesta mui nobre e mui leal cidade de Cordova, estando enferma de corpo e boa da vontade e em meu perfeito siso, juízo, memória e entendimento natural [...]."

Em sua última vontade mudou a filha, María de Cervantes, a amante do Cigano, em "viúva". Desagravando-se de injúrias, pela alma de seu dom-juan-barregã não pediu reza nem missa. E no entanto determinou: "E mando que digam pela alma de Juana, minha donzela, treze missas rezadas [...] e mando que digam pela alma de Pedro, meu criado defunto, que tenho a meu cargo, oito missas rezadas."

Espantoso pressentimento teve dona Leonor ao ditar este parágrafo:

"E mando à obra de Nossa Senhora das Mercês, da Cruzada e da Trindade, a cada casa quatro maravedis, para ajudar no resgate de cristãos cativos em terra de mouros." Em terras argelinas, de mouros precisamente, dezoito anos depois, o neto cativo permanecerá durante cinco anos. A Trindade, conhecida pelo nome de Ordem dos Trinitários, tirar conseguiu o "Maneta de Lepanto" do banho de Argel e das mãos do amante, o bei.

O senhor Juan, avô paterno, tampouco se cingiu a normas de poder. Se os historiadores podem afirmar que o pai, mercador de estofos em Córdoba, mandou-o para Salamanca para cursar Direito, a suas próprias afirmações em documentos administrativos oficiais e jurídicos pouco ou nenhum crédito podem dar. O senhor Juan mandou às favas princípios e preceitos. Não importou-lhe declarar sob juramento ter sessenta e cinco anos, rejuvenescendo-se treze. Com tal diminuição aumentar queria seus encantos aos olhos da pimpolha-barregã María. Ao voltar para casa em 1502, aceitou o cargo de advogado do Real Fisco da Inquisição de Córdoba. Apesar de sua hostilidade para com o Santo Ofício, permitia-lhe este cargo afugentar bisbilhoteiros em busca de origens. Polpudo estipêndio: pagava a Inquisão cordobesa oitenta maravedis por jornada, o preço de três libras de carne ou três dúzias de ovos. Assegurada a posição, largou posto de tão pouca monta para percorrer a Espanha: em Alcalá foi tenente corregedor; em Toledo, jurisconsulto; de volta a Córdoba, advogado civil e negociante; e tanto em Cuenca como em Huete, uma vez mais tenente corregedor. Em Huete com negócios teve tão boa fortuna, que má fortuna o pôs em boca de denunciantes, acusado de não pagar dívidas e de prevaricar.

Nada menos que 21 litígios teve apenas durante o ano e meio

que viveu em Cuenca por insultos e dívidas indébitas o avô de Miguel, Juan de Cervantes. Seguiu, porém, enriquecendo desonestamente, até que em 30 de abril de 1527 dom Diego Hurtado de Mendoza o nomeou, como sabido, lugar-tenente de seu conselho. De volta a Alcalá, viveu "com grão fausto e gasto", participando com nobres da cidade "tanto de justas como de torneios".

Se dona Leonor teve um escravo, o senhor Juan teve vários, bem como criados "mui bem tratados e vestidos com muitas sedas e outros atavios". Em Alcalá, na verdade, mais que advogado, foi ele negociante de propriedades. A justiça confiou-lhe cargo de responsabilidade em Ocanha meses depois, mas por pouco tempo, pois voltou para Alcalá, rompeu com a mulher em 1538, deixou a família e instalou-se com jovem barregã chamada María Díaz. Barregã era então amante a respeitabilidade alçada não apenas pela sociedade mas também pela Santa Madre Igreja. Com o habitual luxo, sete anos depois, em 1545, o senhor Juan mudou-se para Cabra com o cargo de alcaide mor. Terminou a vida na querida Córdoba, com a querida María, criados brancos e escravos negros. A cidade, comovida por tão ínclita personagem, nomeou-a "jurisperito da cidade".

Com os anos Cervantes, qual o avô, qual Quixote, em lombo de mula e ao léu dos caminhos, teve de deter-se, tantas vezes! em juizados e tribunais. O avô nada menos que 12 pleitos protagonizou como denunciante ou denunciado; ao fim e ao cabo, contudo, tais incidentes foram-lhe muito proveitosos para o bolso e para a fama de "ilustre letrado".

Dona Leonor de Cortinas, mãe de Cervantes, disfarçou-se de viúva para ludibriar o Conselho de Castela. Graças à mentira, o Conselho de La Cruzada 24 mil maravedis concedeu-lhe do fundo de redenções para ajudar a pagar o resgate do filho.

O avô de Cervantes não foi modelo de virtude, e sim de suborno, mas não teve a miserável reputação do pai de Cervantes, o surdo barbeiro Rodrigo. A "ciganinha" ao tenente corregedor aconselhava, com palavras que teria podido empregar o avô: "Suborne, vossa mercê, senhor tenente, suborne e terá dinheiros."

Em 1505 denunciados tinham sido, precisamente, os subornos do médico Torreblanca, pai da avó paterna de Cervantes. Sob a púrpura do cargo de "examinador de medicinas", realizara toda a sorte de negócios, até os menos lícitos. O brilhante médico conseguira com eles, à margem da legalidade, o que a medicina não podia dar-lhe. Morrera "com não escassos bens de fortuna".

A família Cervantes, homens e mulheres, não deu a mínima para a rigidez duma Administração inadaptada a independências e fantasias. Quis o destino que o avô Juan, vítima de um de seus complicados labirintos jurídicos, algumas semanas no cárcere de Valhadoli passasse, setenta e poucos anos antes do neto.

Cumulado de si, o tempo para Miguel, sem deixar de fluir, detinha-se em fábula. Qual mastim, a realidade, inflamada de lições e sortilégios, caiu-lhe aos pés de romancista em embrião.

# 12

Muito amou Miguel à avó Leonor de Torreblanca, e muito pouco ao avô Juan de Cervantes. Ambos para seu serviço dispuseram de escravos. Na Espanha do século XVI os escravos chamavam-se *bens*. O avô legou por testamento os escravos negros à amantíssima barregã, María Díaz. Esta, agradecida, mandou enterrar o defunto bacharel no mosteiro de Jesus Crucificado; esperava com isso o perdão de burlas e subterfúgios e o esquecimento da libidinosa paixão senil. Os últimos anos de vida de dona Leonor de Torreblanca foram entretidos e amenizados por Luis, belo escravo negro.

Grande parte do Ocidente cristão mediterrâneo era ainda escravocrata no século XVI, ao passo que na França e na Europa setentrional tinha já desaparecido quase completamente essa forma de sujeição. Cervantes afirmou que Sevilha parecia um tabuleiro preto e branco pela quantidade de escravos negros nela residentes.

Na casa do avô os escravos em âmbito doméstico viviam, como norma era nas grandes cidades espanholas.

A posse de escravos era luxo e moda, e podiam-nos ter apenas os mais ricos ou os mais "nobres", ou o alto clero. O escravo era amiúde confidente da dona, e em certas ocasiões, cúmplice de folguedos amorosos.

Guzmán de Alfarache esteve a serviço de dama cujo marido lutava no Novo Mundo:

"[...] escravo que eu muito tempo cri ser livre."

Escravos e escravas esquentavam as noites dos proprietários. Libidinosas noites, em que os varões escravocratas uniam o útil ao agradável: novo bem, gratuito, para nossa Santa Madre Igreja o filho de mãe escrava escravo nascia.

Não esperou o confinamento como escravo no banho de Argel Cervantes para escandalizar-se com tal condição: o escravo não tinha personalidade jurídica, e vedado lhe era até redigir testamento.

Enquanto Cervantes observava o escravo Luis humilhar-se submissamente em torno da saia da avó, o número de escravos da Península alcançava a cifra de 80 mil: um por cento da população. Córdoba, Sevilha e Valhadoli, as três cidades onde vivera o jovem Cervantes, eram aglomerações densamente povoadas de escravos. No arcebispado de Sevilha, muito superior ao da capital, havia mais de 14 mil escravos.

Paralelamente à crueldade ou insensibilidade da maioria dos escravocratas, alguns proprietários aos escravos batizaram, por sua salvação espiritual velaram e por sua morte missas rezaram. O de dona Leonor custou cinqüenta ducados; valiam geralmente de trinta a cem ducados. As leis da oferta e procura influíram também no mercado. Por ocasião da tomada de Trípoli, em 1510, pôs-se a venda tal número de escravos, que o mais belo e aguerrido custou vinte e cinco ducados. Não obstante, conseguiram-se muitos ao preço de três ducados por cabeça ou "barba"... imberbes, majoritariamente.

Dona Leonor de Torreblanca vestia impecavelmente o escravo, seguindo costume de grandes casas. Diz-se em documento da época "que comem bem do que sobra nas cozinhas". Dona Leonor, como os homens da Igreja, mostrava com orgulho o seu Luis. Letrados, corregedores, regedores e até mordomos exibiam, de acordo com a moda, soberbamente trajados os escravos. Estapafúrdios uniformes que chamaram a atenção do menino Miguel em Valhadoli, Córdoba e Sevilha. Mortos, porém, a avó e o avô, a família não teve dinheiro para tal luxo manter.

As mundanas pompas e os buliçosos alvoroços lançaram a Cervantes, desde pequeno, desafios incompreensíveis. O universo asfixiava-se com o Parnaso em seu seio.

# 13

Em 1556 morreu Juan de Cervantes, avô de Miguel, um ano antes do falecimento de sua "legítima" e dois antes de a peste e a fome assolarem a Europa. Outra Leonor morreu no mesmo ano: a rainha da França; e também faleceu a apaixonadíssima esposa de Felipe II, Maria Tudor, rainha da Inglaterra, e a rainha de todos os húngaros, dona Maria. No mosteiro de Iuste, o ex-imperador Carlos V e I de Espanha aguardou para deixar o mundo o dia 21 de setembro de 1558.

Precisamente em 1558 levou Miguel de Cervantes o primeiro grande susto. Tinha ele então onze anos, e estava com a família em Cabra, quando em tarde de infantis correrias chegou à boca da "furna de Cabra". Vertigem e pânico gravaram-se-lhe na mente, indeléveis, até o fim da vida.

Ninguém até então ousara explorar a "terrível cova" situada em plena falda da serra, a poucos passos do Fojo do Robledo. Boca de sete metros de diâmetro — os limites da fundura no terreno da fantasia entravam. Para o menino Cervantes a gruta abria do inferno a porta.

O inferno em espetáculo se dava. Não pudera impedir a Igreja a propagação de infernais histórias: diversas culturas tinham-nas acumulado durante séculos. Desde que o homem a enterrar os mortos começou, o inferno tornou-se espelho do mundo. Vergônteas desse modelo foram o Arálu babilônico, o Hades grego, o Scheol hebreu, a Karta ou Parvana indiana, ou o inferno cristão.

Cervantes devorado foi pela curiosidade sentida por Gilgamesh diante da morte do serviçal Enquido. Abriu o herói para com este comunicar-se buraco na crosta da terra como "furna de Cabra". Os condenados, disse-lhe o criado, comem migalhas de banquetes, borras de taças ou lixo da população... mas os que não têm ninguém em vida para deles ocupar-se "sem descanso erram". Contava a lenda a visita ao inferno da rainha do céu, Inana: atravessou sete portas e em cada uma delas se despojou de um véu e de uma jóia, até mostrar-se de corpo e alma transparente e nua.

Olhando assustado mas hipnotizado o infernal buraco, Cervantes pensou talvez nos gregos: para eles os deuses estavam ao alcance da mão, em montanha próxima, o Olimpo. Do inferno a entrada tampouco estava demasiado longe: achava-se "algo além do rio Oceano". Homero e na *Teogonia* Hesíodo mostraram infernos onde os visitantes não apenas entravam tranqüilamente; deles também saíam com facilidade e até podiam salvar condenados. Heracles resgata Alceste, Dionísio, a mãe, e Orfeu perto esteve de libertar Eurídice.

N'*O Quixote* escreve Cervantes: "Outra vez me mandou precipitar e sumir na furna de Cabra, perigo inaudito e temeroso, e trazer-lhe particular relação do que nessa escura profundidade se encerra"; no *Invejoso estremenho*: "Ai de mim, se mais quero que juiz, pois que com só o que juraste podias entrar na mesma furna de Cabra!"; e no Apêndice da *Viagem ao Parnaso*: "Cuidai-vos, crianças, que vem o poeta Fulano, que vos lançará com seus maus versos na furna de Cabra."

Os infernos de Cervantes foram os ensinados pelos professores jesuítas. A partir do século IV e da "sanção" promulgada em 543 pelo sínodo de Constantinopla "é considerado anátema quem não crê na eternidade da pena". Inflação de suplícios resumida no dogma inculcado pelos professores: "Nem uma gota d'água pode aplacar os tormentos do fogo eterno."

O condenado viverá eternidade de infindos suplícios enlaçada com o pior e mais refinado tormento: permanecer fora do bem por todos os séculos dos séculos. Inferno total ilustrado um século depois, em *Derradeiros dias da vida*, pelo pintor Valdés Leal. E no entanto El Bosco, um século antes, e El Greco, já na época de Cervantes, tinham mostrado heterodoxos infernos. Pretendiam zombar do inferno total cristão?

El Bosco no tríptico *O jardim das delícias* situa o inferno à direita e não à *sinistra*. Se nele monjas-suínas incomodam, mais que torturam, pecadores, os libidinosos dão voltas como castigo, quase alegremente, a enorme gaita de foles, erótico símbolo por excelência. Os que não rezaram em vida como mandavam cânones e credos agora por penitência eternamente pulam de trampolim em cordas de gigantesca harpa de Davi.

Contemporâneo de Cervantes, El Greco, desejando inverter ou alterar as relações entre os valores da sociedade, pintou um inferno... no mar! Gigantesco peixe vomitador de multidão de Jonas, mais que supliciados, deleitados. Rebelde quadro: os especialistas não chegaram a acordo até hoje quanto ao título. *A adoração do nome de Jesus*, para Ramón Aznar; *Sonho de Felipe II*, para Polero; *Glória de Felipe II*, para Cossío; e ainda *Alegoria da Santa Aliança* ou *Glória de El Greco*. Desarmonia agravada pelo padre Santos: "No quadro o inferno adora a Jesus."

Inferno é a desesperança nascida da fusão do eu no nós, pensavam Lucrécio e Heidegger — como o autor d'*O Quixote*?

No tempo de Cervantes os condenados consumiam-se eternamente no fogo do inferno. Hoje, sem chamas, o inferno é objeto de consumo. De atroz caldeira e buraco que era, como a "furna de Cabra", converteu-se em simulacro e em imagem cada vez mais "consumíveis".

Em Nova York uma comunidade de homens vive hoje sem

dos esgotos profundos da cidade sair. Lavam-se com água quente da calefação pública e comem restos lançados por vazadouros de cozinha de grandes hotéis. Comunidade dirigida por "imperador". Furna de Cabra e catacumba do Novo Mundo chamada "inferno". Após ter vivido dez anos nas cloacas de Nova York, um dos voluntários reclusos saiu, casou-se e teve um filho. Ambos "para sempre" voltaram ao inferno de todas as nostalgias. O menino fez quinze anos no dia da reclusão final. Em *O K*, de Buzzati, um jornalista, acompanhado dum técnico do metrô em construção em Milão, novo Virgílio, desceu qual Dante Alighieri ao contemporâneo inferno: "Que inferno mais estranho, são pessoas como nós." Em *A porta fechada* uma personagem de Jean-Paul Sartre exclama: "Prefiro o látego, o ácido a este sofrimento cerebral, a este fantasma de dor. E isto é o inferno? Que piada! Sem necessidade de caldeiras, o inferno são... os outros!"

Preferiu Cervantes, todavia, "lenta mas inexoravelmente caminhar para uma vida de aventuras, mas de olhos abertos". O silêncio penetrou-o, cada vez mais ameaçador e denso.

# 14

Enquanto Cervantes se debruçava na "furna de Cabra", em 1560, na capela do palácio do duque de Mendoza, de Guadalajara, onde sua primeira missa disse o Cigano, o rei de Espanha casou-se com Isabel de Valois. Vinte e três dias depois, em Toledo, em meio a festas, regozijos e danças, o rei Felipe II reconheceu o meio irmão "bastardo", Juan da Áustria, como filho "natural" do pai, Carlos V, e ao próprio filho, dom Carlos, como herdeiro da coroa.

O rei, após tirar ao próprio filho namorada e prometida... nomeou-o herdeiro. Anos depois, segundo a lenda, matou-o com as próprias mãos. Um sem-fim de conflitos provocou a tragédia, e tragédia escreveu Friedrich von Schiller para glória e esplendor do romantismo.

Felipe II abjurou, e ao filho humilhou, por uma adolescente "pequena, de corpo bem-feito, delicado de cintura, redondo o rosto trigueiro, preto o cabelo, alegres e bons os olhos, afável muito". Esqueceu-se de assinalar Cabrera de Córdoba em *História de Felipe II* que, ademais, era sifilítica. Nascida em Fontainebleau, nem sequer quinze anos antes, em 2 de abril de 1545, foi a filha mais velha de Henrique II. Foi sua mãe Catarina de Médicis. Isabel de la Paz, como se chamou "a Valois", teve a honra de ser inspiradora primeira de Cervantes: o escritor dedicou-lhe a primeira "poesia".

*Isabel de Valois*

Quando enferma caiu Isabel, vítima de "estranhas varíolas", Felipe II, apaixonado pela menina, que quase neta lhe podia ser, pela doente velou desassossegado. Catarina de Médicis, inteirada do sucedido, duas cartas escreveu: uma, dirigida ao rei de Espanha, Felipe II; a outra, à filha. A esta a verdade disse: "Essas erupções que te cobrem o corpo provam que como teu pai és sifilítica. Insto-te a que de maneira alguma e por motivo algum informes a teu marido a doença que tens. Repudiar-te-ia." Na carta ao rei de Espanha, aconselhou-lhe não dar importância à doença da filha, e a última descoberta da medicina francesa para curar erupções: "Espargir pelo corpo clara de ovo enquanto um sacerdote agostinho reza orações necessárias." Tratamento eficaz como placebo, e a jovem curou-se.

A jovem francesinha sentiu-se imersa em inferno de terra queimada como vazio sensível. Teria preferido ser coração de tulipa sem coração. Como a entendia Cervantes!

*Catarina de Médicis*

# 15

"Quem não viu Sevilha não viu maravilha." Contava a cidade em 1563, quando os Cervantes chegaram à "Atenas espanhola", 6.325 escravos, 66.244 pessoas "de confissão" (maiores), 12.967 pessoas de "não idade" (menores) e milhares de viandantes; total de cerca de 100 mil pessoas.

No *Colóquio dos cães* assinala Cervantes que "todos quantos trabalham no matadouro de Sevilha, do mais novo ao mais velho, são gente tortuosa de consciência, desalmada, sem temor ao rei nem à sua justiça [...] onde só extraordinariamente há dias sem brigas, nem feridas, nem mortes [...] onde os magarefes, por dá cá aquela palha, a três por dois metem uma faca de cabo de chifre na barriga das pessoas como se picassem touros".

Aos dezesseis anos freqüentou Cervantes o colégio da Companhia de Jesus. Era rapaz espirituoso, vivaz e efeminado; a aparência tinha já as características assinaladas por Luis de Pedrosa em *Informação de Argel*: "Cervantes em extremo tem especial graça em tudo... a cor antes branca que morena."

A segunda irmã de Miguel, Luisa, permaneceu em Alcalá de Henares com a intenção de como santa subir aos altares.

Ingressou com tal propósito no convento da Imaculada Conceição, conhecido familiarmente pelo nome de convento da Imagem. Por do destino curiosa pirueta o convento mudou-se, em

1576, quase trinta anos depois do nascimento de Cervantes, precisamente para a rua onde tinham vindo ao mundo Miguel e ela.

Tendo a mística Luisa dezesseis anos, Teresa de Ahumada (Santa Teresa de Jesus) conheceu María de Jesús Díaz em Toledo, antes de fundar a Congregação Carmelita de Alcalá. Santa Teresa, estusiasmada, escreveu: "É mulher de muita penitência e oração e fazia-lhe o Senhor muitas mercês e apareceu-lhe Nossa Senhora e mandou-a fazê-lo [um convento de carmelitas]; era tão superior a mim na maneira de servir ao senhor que eu havia vergonha de estar diante dela." Em *Vida* acrescentou: "Mostrou-me os despachos que trazia de Roma e em 15 dias que esteve comigo demos ordens de como havíamos de fazer estes mosteiros. E até que ela mo dissesse eu não tinha ciência de que nossa Regra, antes que se relaxasse, mandava não se tivera bem próprio [...]. Essa bendita mulher como lhe ensinava o Senhor tinha bem entendido sem saber ler (depois aprendeu a assinar) o que eu, com tanto haver andado a ler as constituições, ignorava."

María de Jesús varão conhecera, mas viúva já ingressou no convento das Carmelitas Descalças de Toledo e, inspirada pelo próprio Jesus Cristo, fundou outro mosteiro da ordem. Disse Santa Teresa: "Como Ele lhe insuflou esse desejo, vendeu tudo o que tinha e foi a Roma para trazer despacho para isso a pé e descalça." Mulher alta e forte, adoeceu no meio do longo percurso, mas, sem queixar-se, caminho prosseguiu.

Ao comparecer à audiência solicitada pela freira espanhola, o papa Pio IV deparou com o mármore do piso regado do sangue de María de Jesús Díaz. Pediu ela ao papa a graça de restaurar a Regra carmelita em todo o rigor. Pasmado, o papa exclamou: "Varonil mulher! Faça-se o que pede."

De volta à Espanha, fundou o convento de Alcalá de Henares e aplicou estritamente a norma. Não mais tornou a entrar no recinto calçado algum: pés nus e sem abrigo, hábito, touca e véu da mais áspera tela, enxergão-cama cheio de sarmentos, jejum o ano todo quase, matinas à meia-noite e todas as horas canônicas celebradas.

Rosário de privações e tormentos sofridos a vida toda por Luisa de Cervantes, mas excelente regime para a saúde. Morreram-lhe os irmãos, todos, muito antes dela: Andrés, pouco depois de nascer; Juan, aos trinta e nove; Rodrigo, aos cinqüenta; Magdalena, aos cinqüenta e nove; Andrea, aos sessenta e quatro; e Miguel, aos sessenta e nove. Já ela deixou o mundo apenas quando prestes a fazer setenta e cinco.

Em 11 de fevereiro de 1565 hábito tomou na presença do pai e do próprio Miguel, com o nome de Luisa de Belén. Dois anos depois de entrar para o convento, Santa Teresa de Jesus passou no recinto quatro meses.

Luisa de Belén (Cervantes), com as costas ensangüentadas por sarmentos de enxergão e os pés nus, passava os dias e parte das noites na horta trabalhando, ou no coro rezando. Retábulo de mortificações ideal para sua trajetória: sacristã dez anos depois do ingresso no convento, claviculária em 1585, irmã rodeira no ano seguinte e, seis anos mais, superiora. Em 1602, com cinqüenta e seis anos, eleita foi prioresa, e reeleita em 1605. Um ano antes de morrer e após exercer outros subalternos postos, foi novamente eleita prioresa da comunidade.

As freiras mudavam de túnica tão de quando em quando, que vozes se ergueram para exigir o abrandamento do rigor da regra; outras, ao contrário, pediram o benefício de "aplicá-la com todo o rigor". Santa Teresa estendeu o "benefício" a todas as religiosas... mas não aos religiosos. María de Jesus perguntou-lhe a causa de tal tolerância para com os varões. A santa respondeu: "Cale-se, filha, que eles são homens."

# 16

Diante de minha residência madrilena, enquanto eu lia e relia a obra cervantina, freiras de clausura do convento beneditino de São Plácido protegiam retiro e silêncio com gelosias.

A angusta rua Madera, qual estreito regato, separava-me o secreto âmbito do gradeado monacal de ripas cruzadas. Desde o final da Guerra Civil até meu desterro na França, dos meus nove aos vinte e três anos, invisíveis religiosas foram misteriosas vizinhas. Tão misteriosas, que durante os quatorze anos de distante vizinhança nem sequer vi a silhueta de uma delas. Em entardeceres, à contraluz, uma que outra vez vislumbrei sombras ou véus em tropel de sussurros. De manhã cedinho, a quando em quando, via uma mão feminina, repentina e efêmera como a graça, abrir pequena porta para deixar na calçada a lata de lixo. Inspiravam-me curiosidade tingida de ciúme. Não queria com ninguém compartilhá-las.

Um feio dia certo vizinho da minha idade contou-me, como se fosse a coisa mais natural do mundo, ou regozijando-se com minha aflição talvez, seu mister: toda a manhã, quando lhe dava o sol no quarto, nu e escarranchado mostrava-se na varanda para que as enclausuradas o contemplassem.

Não sabia então esse rapaz que três séculos antes, atormentado por rincho de espuma semelhante, o próprio rei de Espanha,

Felipe IV, também atrair quis olhares enclausurados do mesmo convento, especialmente o da "belíssima" sor Margarita de la Cruz. Segundo antigos eruditos, o idílio entre Margarita e Felipe inspirou a Tirso de Molina o primeiro Don Juan: *O sedutor de Sevilha*. Outros especialistas deram por modelo da obra o empedernido mulherengo Miguel de Mañara. Arrependido este morreu após ter construído, qual rouco lamento, mórbido recinto, único no gênero, o hospital da Caridade de Sevilha. Enterrar fez-se sob a inscrição adequada a seu horizonte. Pareceu então cúmulo de arrependimento e poderia passar hoje por cúmulo de orgulho e candura:

"Aqui jaz o pior homem do mundo."

Enfeitiçantes freirinhas da "minha" rua Madera. O historiador Mesonero Romanos consigna que Felipe IV loucamente se enamorou da jovem Margarita. Certa noite abriu passagem (na adega do que um dia seria minha casa) para chegar por subterrânea abóbada ao subsolo onde guardavam as religiosas o carvão. Com o intuito de assaltar da cativante o leito banhado de treva, pôs o pé no baixo do convento. Mas a superiora, percebendo os fatos, "suspeitara da real luxúria". Qual inconsciente musa ou precursora de Artaud, transformou a cela em lugar de velório e disfarçou a freirinha de morta.

A partir de então, como não poderia deixar de ser após o ápice dos fatos, lendas vieram adornar ou empobrecer a verdadeira história com desejos e fantasias. Em um dos contos ouvidos por Tirso de Molina a freira, de Imaculada Conceição vestida, recebeu em "leito fúnebre" o rei de Espanha com silêncios acordes. Os dois favoritos do monarca, um deles conde e duque, com dois incensários "espargiam oloroso perfume ao redor da cama".

Ouvi essa e outras fábulas, ainda mais pitorescas, aos dezoito anos, quando já em sonhos sabia refugiar-me. Tendo já lido *O Quixote* e *Persiles*, escrevi *Fando e Lis*... minha primeira "peça" de amor. Só vinte anos depois concebi um *Don Juan*: *O grande ceri-*

*monial*. Pintei-o corcunda, manco e monstruoso, ou seja, entreguei-me ao capricho pueril de fazê-lo de todo oposto aos triviais, os casanovas de esgotadas atmosferas. Por então deixara "definitivamente" de escrever teatro, decisão tomada várias vezes na vida. Motivo da minha primeira ruptura com o palco foi a decisão de escrever breves biografias. Interessaram-me Schubert, Buda, Confúcio, Sócrates e... Tirso de Molina.

Tirso de Molina nasceu precisamente não distante da rua Madera, próxima da rua Tudesco, em que amou a um taberneiro Cervantes. Faltou ao fogoso Tirso um Alcibíades. Tê-lo-ia descrito com ternura e amor, tal qual perfilou a Sócrates. Tirso era manco também, e quase anão. Ideal figura para sonhos de amor, humilhação e escárnio. Estrelas há que também são paisagem.

O Ocidente romano-cristão parco foi na hora de mitos forjar. Só três compôs: o *Fausto* de Goethe, o *Don Juan* de Tirso de Molina e... *O Quixote*.

O herói do manco madrileno copular quer com todas as mulheres. Anelo e sonho do libidinoso frade. Don Juan a nenhuma mulher seduz: vale-se de estratagemas e ardis para atingir fins possíveis, e não hesita sequer em fazer-se passar por outro. "Abusa" de todas as mulheres da obra: todas as "fêmeas do vasto mundo". Representadas por quatro, de duas em duas, formam feminina universalidade. Espanhola e estrangeira, aristocrata e plebéia, mulher do mar e da terra etc. Cada binômio encarna o conjunto das mulheres. No nada cabem também velados zeros.

Inclinado ao prazer, Don Juan, após valer-se de todas as burlas, será castigado. Não foi hino molieresco de liberdade a obra, e sim réquiem de repressão.

Por toda a minha infância e adolescência a obra foi representada no dia dos mortos. Os teatros nesse dia apresentavam apenas *Don Juan*, geralmente o de Zorrilla. Hábito desaparecido com a chegada do novo regime. Não faz muito tempo, certo teatro quis ressuscitar a tradição montando um *Don Juan* cômico, conseqüente com a época, qual ressaca sem retorno.

Outra história de exemplar amor viveu a mãe de Carlos V; a história de amor entre a portuguesa Joana, a Louca, e o flamengo Felipe, o Belo, terminou na Espanha com aliança de sexo e morte. Aos dezoito anos morreu Felipe em Burgos, em 25 de setembro de 1506. Joana, impassível, decretou que não morrera e decidiu levar o corpo para Granada. No trajeto, de cerca de 700 km, de vez em quando mandava o ataúde abrir e, sem lágrima nos olhos, beijava os pés do amado. O tempo foi já apenas branco níveo, deserto infinito do éden perdido.

Imaginou Voltaire o imperador, em Iuste, encerrado dia após dia no ataúde para ouvir missa. *"Se donner dans l'église la comédie de son propre enterrement, se mettre dans le cercueil et chanter son* De profundis, *ce ne sont pas les traits d'un cerveau bien organisé."* A lenda duma Espanha negra obsessionada pela morte talvez muito deva a essa simpática fábula.

Carlos V, *bon vivant*, nem mórbido nem comilão, apesar das piadas de Francisco I e do seu genial escriba, Rabelais, uma vez por ano, e de má vontade, a missa assistia, de acordo com o protocolo, em presença de seu ataúde. Como segue fazendo sua sucessora, a rainha mãe da Inglaterra. Em vez de pensar em seu desenlace, como seria normal em cristão de sua idade, esse combatente vagabundo passou o final da vida tentando recuperar a coroa cedida ao filho... ou ao menos — quem não tem cão caça com gato — o título de alcaide do povoado mais próximo do mosteiro de Iuste, seu retiro. Topou com dois escolhos: o filho e o almotacé, Juan Zapata Osorios, pouco respeitosos de protocolo e velhas glórias.

Recentemente em Madri, após quarenta anos sem vê-lo, topei com o exibicionista vizinho da rua Madera. Acompanhado ia de bela moçoila ecologista. "Minha 'companheira'", disse. Acabado o *footing*, saíam apressados para tomar a ponte aérea para Barcelona, onde o ex-vizinho tinha interesses e negócios. Quando lhe recordei os desplantes de varanda, disse-me, sorrindo:

— Vocês, os que vivem no estrangeiro, não esquecerão nunca a Lenda Negra. Acorde, meu caro, aqui já ninguém acredita nessas histórias de freiras, sexo e caixões, nem meu bisavô carlista.

Fui ao convento de San Plácido com a intenção de visitá-lo. Só para mim soava a hora; abriu-me a irmã claviculária a igreja do convento. Emergente de limbo de silêncio, a religiosa era simpaticíssima tagarela. Mostrou-me jóias pictóricas com humilde orgulho de clausura ou de aristocrata inglesa. Calculamos que, dada sua idade e a minha, vizinhos fôramos por uns dois anos. Tinha problemas respiratórios, e tinham-na com *laser* operado. Pela primeira vez em quarenta anos saíra do convento, perdendo por alguns dias na clínica o fiel encanto de viver em silêncio.

Quando lhe expus a curiosidade e a espreita de jovem, teve tal ataque de riso, que, congestionada, só conseguiu recuperar a respiração com moderníssimo inalador de bolso.

A Espanha de hoje não é como alguns a imaginam. Imaginem se a freirinha tivesse morrido de rir!

# 17

Dois anos depois de a Sevilha chegar, perto de completar vinte anos, a irmã mais velha de Miguel de Cervantes, Andrea, encantou Nicolás de Ovando. Passados cerca de nove meses, nascia uma menina chamada Constanza, declarada "de sobrenome Ovando".

Miguel foi novamente testemunha de litígio duma mulher da família contra sedutor. Em outro processo, em Ezpeleta, em 1605, quarenta anos depois, Andrea declarar-se-ia viúva, "mulher que foi de Sante Ambrosio, florentino, e antes foi desposada e concertada com Nicolás de Ovando".

Nicolás de Ovando y de Figueroa foi dos melhores partidos da burguesia sevilhana. Estudante de direito, filho primogênito do alcaide de casa, corte e conselho real, tinha a mesma idade de Andrea Cervantes. O primeiro encontro deles provocou a flechada. Rapaz de boa família e melhor destino, nada o predispunha a apaixonar-se loucamente por jovem de tão inferior classe, parcos meios e obscuro porvir. Sem rezar pela cartilha que redigir-lhe teria podido o Cigano, Nicolás, o rico do casal de namorados, cumulou a pobre Cervantes de toda a sorte de presentes, declarações e deferências.

O amoroso arrebatamento, todavia, não cegou a lúcida Andrea. Recitando a lição da tia María, percorreu as diversas etapas da aventura amorosa. Preferiu ver escritas as promessas de apaixonado a por palavras ouvi-las: pediu ao benquisto formalizasse as ofertas. Sugeriu-lhe firmar com selos, lacres e demais acessórios de tabelionato a matrimonial promessa. Nicolás, precipitando-se mais que raciocinando, assinou de olhos fechados o documento que de olhos abertos oferecido lhe tinha a namorada.

Quando despertou de sonho e sestas ao lado de Andrea, viu dos amores o fruto: uma menina chamada Constanza. A família Ovando fez ver ao jovem Nicolás a distância que o separava da amada, mas já era demasiado tarde. Um abismo mediava entre o prístino amor, louco, e o derradeiro repúdio. Nicolás, pelos mais velhos convencido, deu aos calcanhares, esperando não mais topar com tal pesadelo.

Miguel de Cervantes assistiu de camarote à tragicomédia. Andrea, sem perder a compostura, exigiu o cumprimento do acordo. A essa altura, que tão baixo levara a Nicolás, Andrea já não era puríssima donzela assaltada com donaire e conquistada com galhardia, mas algo que os bons costumes da família Ovando impediam dizer nem, menos ainda, escrever. Os leguleios, sem tais escrúpulos, acusaram de prostituta a jovem a quem tanto amara o primogênito da família.

Fechados os caminhos, lacradas as portas, Nicolás disposto estava a tudo, menos à desonra de casar-se com aventureira, "mulherzinha de duvidosa moralidade e mãe solteira aos vinte anos". Andrea, sem acusar Nicolás de pai solteiro da mesma idade, não perdeu o sangue frio. Negociou como mulher cervantina: refletindo e analisando a situação sem preconceito, ódio ou frustração.

Não podia exigir Andrea o cumprimento de todo o prometido, e compreendeu-o: sem nada teria ficado se tudo tivesse querido. Com tino e cautela adotou intermediária solução. Optou pelo sutil compromisso de livrar a cabeça louca de Nicolás da obrigação de casar-se com ela... em troca de ser financeiramente desagravada.

Com arrojo compareceu Andrea diante do alcaide de Córdoba, em 1566, para entrar "como terceira opositora aos bens embargados e seqüestrados pelo dito seu pai que a ela pertencem por certos direitos e ações. E por ser como é menor e ter a dita idade de vinte e cinco anos, tem necessidade de ser provida de um curador *ad litem*". A energia de Andrea contrastava com a delicadeza da figura: "Chama-se filha de Rodrigo de Cervantes, de idade que disse ser de dezessete anos pouco mais ou menos e assim o pareceu pelo aspeto." De estampa aparentava dezessete anos, mas de mentalidade, mais que os vinte que tinha. Andrea tentou recuperar os bens embargados pelo pai para proteger os presentes que lhe dera o namorado.

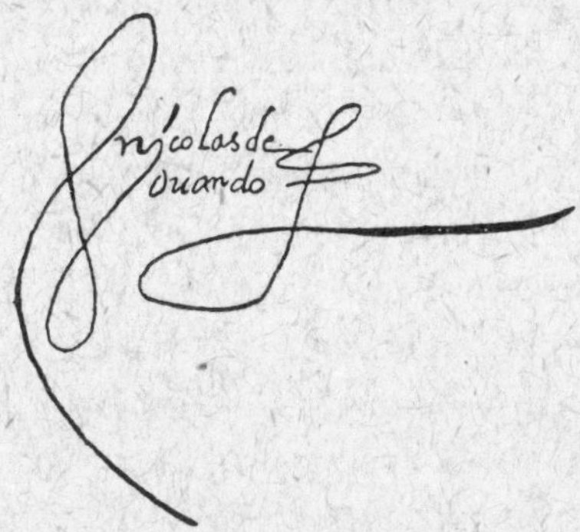

*Assinatura de Nicolás de Ovando*

Os homens não estavam acostumados a enfrentar resistência feminina tão tenaz.

Quando se viu que Nicolás não tinha os ducados necessários para pagar à ex-namorada, Andrea, tendo o futuro garantido pelos presentes recebidos em plena paixão amorosa, acordo aceitou: a família Ovando indenizá-la-ia no dia da maioridade do jovem.

Com os cavalos adornados de selas de couro trabalhado e as moedas soantes dos Ovandos pôde viver a família de Andrea.

De Sevilha a Alcalá e de Alcalá a Sevilha o jovem Cervantes acompanhou o pai. Assistiram aos tétricos rituais e à cerimônia de despedida de Luisa do mundo. Em Córdoba o senhor Rodrigo ao filho deu uma vez mais prova de covardia masculina. Assinou trapaceiramente obrigação de pagar os trajes da tomada de hábito de Alcalá. Envergonhado e humilhado por tão lamentável ardileza, Cervantes, apesar de indiferente ao conto do vigário, temeu que o embuste se lhes tornasse laço para o pescoço. Nunca se deram a tão grosseiras tramóias as mulheres da casa. De volta a Sevilha, Andrea e a mãe, dona Leonor, lançaram-se resolutamente ao novo processo.

Cervantes refugiava-se nos anelos. Ambicionava tornar-se insolente ou insólito com a sensibilidade arrebatadora da mãe ou da irmã.

# 18

Não admirou Cervantes os homens da família, mas sim às mulheres: a mãe, Leonor; a tia María; as irmãs, Andrea, Magdalena e Luisa; e a avó Leonor de Torreblanca. Mulheres rebeldes, decididas, impetuosas leoas, extravagantes gatas, encantadoras, atrevidas ou insolentes, mas todas inteligentes e insólitas. Mulheres sutis com talento e sagacidade. Mulheres lidas e "escritas", modelos de cervantinas heroínas, tenazes mas jamais cabeçudas, e com mais coragem que todos os varões juntos. Cervantes fez delas arquétipos.

Amorais mas não imorais, praticaram éticas plurais, adaptáveis e cambiantes de acordo com a ocasião. Mulheres como a Dorotéia cervantina, "com inteligência mui feita para manejar idéias". Mulheres modelos; Cervantes teria gostado de ser, por exemplo, a própria Dorotéia: conta a jovem o mais licencioso e dramático instante de sua vida, a sua própria sedução, com tranqüilidade calculada: "E, com voltar-se ele para sair do meu aposento de donzela, deixei de sê-lo"... Põe nota de humor em análise de luminar de saia. Pois humor é "o sentido aristocrático da inutilidade teatral e sem gozo de tudo".

Com mestria pintou Cervantes o retrato das Dorotéias de sua obra: teve o original a domicílio. Seduzido pela feminilidade, tentou copiá-la de corpo e alma. Quando a sensata Dorotéia vê entrar na alcova, e de surpresa, o desajuizado dom Fernando, tão nobre ele como ela campesina, não se altera, nem se assusta, nem o fio do raciocínio perde. Enquanto o desajeitado dom Fernando a estreita nos braços, ela calcula, interpreta, sopesa o bom e o mau, o prometedor e o dramático do incidente. Qual bom advogado, após estudar o caso agiu.

Dorotéia e as heroínas cervantinas são finíssimas estrategistas e não calderonianas personagens de ópera romântica. La Tosca, por falta de entendimento com o antagonista, teve de suicidar-se após o fuzilamento do amado e o assassínio do perseguidor. Em mundo governado por perspicazes mulheres como Dorotéia nunca haveria guerras.

A exemplar personagem cervantina d'*O Quixote* vivencia a incerteza de María Cervantes ou das sobrinhas Andrea e Magdalena no instante de perder o tesouro da virgindade. Dorotéia analisa a situação com lucidez, e engolfa-se na dúvida: fica, como diz, "não sei se triste ou alegre". Pergunta-se se deve agradecer à criada ter recluído a ela, camponesa, com um nobre, dom Fernando, ou recriminá-la por ter colaborado com o ardiloso encerramento.

A primeira mulher da família que viveu o dilema de Dorotéia foi María, a tia de Cervantes. Também ela apreciou com tranqüilidade o compromisso, sem perder de vista em nenhum momento as conseqüências do ato.

As mulheres retratadas por Cervantes — Dorotéia, Teodósia, Ambrósia, Gustina, Cornélia e muitas outras — são herdeiras de María e suas filhas, sobrinhas e netas.

María, ganho o processo, triunfou modestamente. Sem rancores guardar nem pelo Cigano obsessionar-se. Como se nada tivesse ocorrido, deu à filha o sobrenome, Mendoza, do homem que, após lhe ter querido dar amor e gozo entre os lençóis, quis tirar-lhe honra e dinheiro no tapete dos tribunais. A admiração de Cervantes ao feminino mais foi impulsionada pelo modelo das mulheres da família que por bacanais e desvarios no banho de Argel ou galanteios e desregramentos em Sevilha.

Cervantes recorda a irmã Andrea quando pinta Sílvia, a heroína d'*O trato de Argel*: "Com discrição", com inteligência, "poderá facilmente romper a armadilha mortal em que se acham ela e seu prometido", escravos ambos na cidade africana. Quando estão prestes a ser tragados pela tragédia, ela compensa com determinação a pusilanimidade do indeciso galã: "No miolo de um círculo de crudelíssimas gentes, desalmados a que não alcança razão, virtude, valor nem consciência", ela, Sílvia, da estirpe de Andrea e María Cervantes, raciocina com tino e discrição, e resolve o caso. O galã apenas a assentir se atreve: "O parecer que deste é excelente." Não poderá dizer outra coisa o medroso varão cervantino à sagaz companheira de infortúnio e glória.

Outra heroína, Rosaura, reconhece n'*A Galatéia*: "Considera que a que apenas em casa e com as criadas sabia caminhar agora por tua causa anda de vale em vale e de serra em serra."

Intrépidas mulheres, audazes heroínas cervantinas, ameaçam com determinação e violência, como n'*A Galatéia*, o acovardado homem:

> Olha que, se não correspondes
> a quanto me deves,
> eu rogarei ao céu que te castigue,
> ao fogo que te consuma,
> ao ar que te falte,
> à agua que te afogue
> [...]
> pois hás de ter em mim
> uma perpétua turvadora
> de teus gostos
> [...]

e inda depois de morta
[...]
assombrar-te-ei o fementido espírito
e com assombrosas visões
atormentar-te-ei os olhos.

*[Mira que si no correspondes / a lo que me debes, / que rogaré al cielo que te castigue, / al fuego que te consuma, / al aire que te falte, / al agua que te anegue / [...] / has de tener en mí / a una perpetua turbadora / de tus gustos / [...] / y aun despues de muerta / [...] / espantaré tu fementido espíritu / y con espantosas visiones / atormentaré tus ojos.]*

Apenas o par formado por Quixote e Sancho Pança escapa à dicotomia. A mulher que Quixote ou Miguel de Cervantes teria gostado de ser é a heroína cervantina de talento e coragem, de enfrentar capaz o próprio Carlos Magno, como a belíssima Marfisa n'*A casa dos ciúmes*:

Escuta-me, Carlos Magno
[...]
Uma mulher sou que encerra
desejos em si tão grandes
que competem com o céu
porque na terra não cabem.
Eu sou mais varão nas obras
do que mulher no semblante.

*[Escúchame, Carlomagno / [...] / Una mujer soy que encierra / deseos en sí tan grandes / que compiten con el cielo / porque en la tierra no caben. / Soy mas varón en las obras / que mujer en el semblante.]*

*Estátua de Cervantes (1835). Litografia publicada em* El Artista

Mulheres ídolos, gigantéias mulheres sós, livres, indômitas, que enfrentam dificuldades e morte. Como Luisa Cervantes, enamorada de Deus, voluntariamente encerrada em palco de torturas, ou Andrea, livre e consciente dos próprios encantos, mas sobretudo da força de caráter.

Aventuras femininas presididas por inteligência. Episódios amorosos deslumbrantes para o incipiente autor. Lucidez, determinação, audácia, dinamismo, livre-arbítrio, triunfos foram manejados por intrépidas representantes do "sexo frágil".

Frágil sexo e mutilação invertida esposou o próprio Cervantes; até o final do século XIX não se evocaria a mutilação de Cervantes: em esculturas e monumentos inteiro figura, como na estátua da porta da Biblioteca Nacional. Diante dos dois leões das Cortes há jardim presidido por estátua do autor d'*O Quixote*. Traz na mão direita a espada e na esquerda um livro, ambas intactas. Leões da entrada das Cortes incapazes de inspirar fereza e coragem aos deputados; há anos um coronel de tricórnio e pistola entrou no recinto do Parlamento e ordenou:

— Todos para o chão, porra!

Os deputados, encolhidos e estirados no chão, ignoraram as arengas d'*O Quixote*. Por isso a estátua de Cervantes, que até poucos anos atrás de frente os contemplava, hoje os olha de lado, após mudança de orientação do monumento.

Peripécias modernas de pícaros, guias e dirigentes para entretenimento e regozijo de Cervantes ressuscitado. A honra do cavaleiro envolvia-se na coragem, diziam os cânones do tempo de Cervantes; na virgindade, a da donzela, e na fidelidade, a da mulher casada. A honra no século de Cervantes, também chamado Século de Ouro, lavava-se amiúde com sangue de mulher, como receitavam médicos da honra. Na obra de Cervantes, impermeável ao preconceito, como na vida de sua família, as mulheres não deram o sangue nem permitiram que boticários da honra as sangrassem. Triunfaram com modéstia, enquanto os homens perdiam, pereciam, ou faziam rir.

Maridos do teatro de Calderón degoladores de esposas, magarefes entrincheirados em suspeitas. Na cervantina obra, porém, os esposos sucumbem por obra e graça das decididas e inteligentes cônjuges, concubinas, barregãs ou amigas.

Rosaura é exceção n'*A Galatéia*, quando diz a Grisaldo: "Em lugar estamos, fementido cavaleiro, onde poderei tirar de teu desamor e descuido a ansiada vingança. Mas, ainda que vingança tirasse de ti, de modo que a vida te custasse, pouca recompensa seria."

Em Sevilha muito aprenderá Miguel em casa e pouco ou nada nas aulas e salas de aula. As mulheres da família, em Sevilha, foram mestras e modelos.

Proclama Gelásia n'*A Galatéia*, primeiro romance de Cervantes: "Livre nasci e em liberdade me fundo", credo das mulheres cervantinas. Mulheres conscientes do direito de dispor livremente do livre-arbítrio, do corpo e do espírito.

Cervantes teria podido escrever, como Cernuda:

> Adeus, doces amantes invisíveis!
> Sinto não ter dormido em vos-
> sos braços!

*[Adiós dulces amantes invisibles. / Siento no haber dormido en vuestros brazos!]*

# 19

No próprio ano de 1565 Andrea, com vinte anos, e Miguel, com dezoito, presenciaram em Sevilha a vingança do taberneiro Silvestre de Angulo, enganado pela mulher com um mulato. A sentença condenou os culpados a morrer pelas vingativas mãos do marido.

No tablado de San Francisco, em 19 de janeiro, os dois réus, ajoelhados, choraram, a suplicar a Silvestre que com eles não se enfurecesse. Padres jesuítas e irmãos franciscanos, vigorizados por crucifixos e medalhas, ao taberneiro pediram que, pensando na paixão e morte de Nosso Senhor, aos culpados perdoasse. Atiçada a cólera do taberneiro pelo pedido de clemência, sobre as vítimas lançou-se faca em riste, para torturá-los até a morte. Orgia de martírios e tormentos, que deixou o tablado espargido do sangue dos "culpados", a lide terminou, como nas arenas, em meio a ovações.

Satisfeito, o taberneiro dava por encerrado o festim de sangue, quando um espectador lhe advertiu: "O mulato está-se mexendo!" Redobrando crueldade, o taberneiro cevou-se nos corpos quase sem vida do par. Erguendo, vitorioso, o chapéu, à multidão jogou-o qual toureiro a *montera* e, ufano, gritou: "Fim dos chifres!"

Cético da vingança, Cervantes opina em *Persiles e Sigismunda*:

"Que pensais que vos sucederá quando a justiça vos entregar os inimigos, em cima de um palco público e à vista de infindas gentes, e brandirdes a faca em cima do cadafalso, ameaçando cortar-lhes a garganta, qual se pudesse seu sangue limpar, como dizeis, vossa honra? Que vos poderá suceder se não tornar mais público vosso agravo? Porque as vinganças castigam, mas não tiram a culpa."

A moral de Cervantes pretendia reconciliar chama, instante e imortalidade. Escritor em potencial, perambulava já pelos despenhadeiros da paixão. Cada emoção levava-o ao berço do mundo. Com que frenesi e com que dor explorava o desconhecido!

DICERE ET FACERE DIFFERUNT

*Non faciunt homines quæ dicunt: dicere namq;* *Et facere est inter maxima differitas.*

*Sevilha. Gravura do início do século XVI (coleção de Antonio Berdegue)*

# 20

Quando Miguel chegou a Sevilha, fazia cento e trinta anos que lhe nascera o bisavô paterno em Córdoba: Ruy Díaz de Cervantes. Em 1435 as famílias conversas de Córdoba começavam a duvidar e temer. O sofrimento da minoria e o fanatismo da maioria podiam levar à morte. Muito se falava em casa dos Cervantes do legendário bisavô. Comerciante de estofos e tecidos — trapeiro, como então se dizia —, próspero negociante com bens e fortuna. Casado com dona Catalina Cabrera, filha também de conversos, de idêntica posição e fortuna.

Perto de nascer o bisavô de Miguel, a família soube da boa nova: o bispo de Burgos nomeado foi de Castela representante no Concílio da Basiléia. Magistrados, comerciantes e juristas, toda essa sofrida classe média, burguesia e pequena burguesia da época, comemoraram a notícia. Esperavam o fim da "era da suspeita". O bispo de Burgos já se chamava dom Pablo de Santa María, mas poucos anos antes fora rabino da cidade. Assustado pela matança de judeus de fins do século XIV, abraçou o rabino o cristianismo, e com tal fé, que logo alcançou a mitra de Burgos. O filho, Alonso de Cartagena, também seria bispo; o pai batizou-o quando tinha apenas quatro anos.

Para os Cervantes teriam podido ser santos de devoção esses dois bispos. O antigo rabino, agora bispo de Burgos, publicou um livro pouco antes de nascer o bisavô: *Scrutinium Scripturarum*. Tratado teológico cristão e parapeito erguido para a causa dos conversos defender. Com muito pouca caridade, porém ainda com menos visão do futuro, traçou o novo bispo linha de defesa não entre judeus e cristãos, mas entre judeus e cristãos-novos. Protegia — cria-o candidamente — dos conversos a sorte. Para seu azar, porém, voltava as costas aos não-convertidos. Atraveu-se a escrever, nada menos: "mais culpados por não tornar a unir o cristianismo que de ser herdeiros do crime de Judas".

A dom Pablo de Santa María e a outros recém-convertidos hábil pareceu-lhes favorecer abjetos sentimentos antijudaicos. Pensavam atiçar com eles a ira dos mais sectários e fanáticos, e evitar assim aos judeus cristãos-novos maiores males, até o pior deles morrer queimado em praça pública.

O filho do converso dom Pablo, Alonso de Cartagena, ao ascender ao cargo de bispo de Burgos, radicalizou a tese do pai no *Defensorium Unitatis Christianae*. Os cristãos-novos, pretendia, ao receber a Cristo tornam a encontrar a dignidade de filhos de Abraão: "Ao judeu batizado, devolve-se-lhe a herança que se mantivera oculta durante o tempo de sua infidelidade."

Teses cristãs-novas incapazes de aplacar a ira irracional dos mais fanáticos.

Em 27 de janeiro de 1449, dois cônegos da catedral de Toledo capitanearam um grupo de exaltados em armas em direção à casa do converso Alonso de Cota, cobrador real. Começaram por queimá-lo vivo e concluíram por saquear o bairro de la Magdalena, de conversos toledanos. Para sufocar o pogrom, motim chamado, chegou ao local da fogueira Pero Sarmiento, alcaide mor, mas mudou de parecer e pôs-se à frente dos carniceiros. Ditou sentença: ordenou demitir os conversos de cargos civis, públicos e eclesiásticos. Meses depois o cabido da catedral acusou os conversos de perversidade: "Toda a conversão é falsa." O rei com firmeza condenou agitação e pogrom. Sarmiento fugiu a toda a brida da cidade, com o roubo às costas.

Preocuparam profundamente os Cervantes tais incidentes, assim como os sucedidos depois, em 1478. A bula do papa Sisto IV pôs em marcha o turbilhão da máquina inquisitorial. Em verdade, com grande atraso em relação ao restante da cristandade. Muito se fez rogar o papa, apesar da diligente corte que lhe faziam os Católicos Reis. Celebrou o dia de Todos os Santos de 1478 conferindo aos reis a faculdade de nomear ou destituir em Castela e Aragão "inquisidores da fé".

O cardeal Torquemada foi o primeiro "Grão Inquisidor Geral, cujos avós foram da linhagem dos judeus convertidos à nossa santa fé católica"; o segundo inquisidor geral foi da mesma "linhagem", Diego Deza, se se pode dar crédito a cronistas da época.

A família Cervantes detestava cronistas, aguazis e bisbilhoteiros, objetivos aliados da Inquisição.

*O livro verde de Aragão* pretendeu demonstrar que as famílias mais eminentes e nobres tinham ramos judaicos, se não tronco. Pesquisas, estudos, suposições e averiguações assustavam os Cervantes. Anos depois, pouco antes da publicação d'*O Quixote*, ao ser-lhe negada a ordem militar que solicitara para dois parentes, o cardeal Francisco Mendoza y Bobadilla redigiu, por despeito, frustração e vingança, outro abjeto panfleto antijudaico: *Nódoa da nobreza de Espanha*. Avós e bisavós de Cervantes temiam que a suspeita também lhes recaísse na própria família.

O jovem Miguel teria gostado de andar tão levemente que mal tocasse o chão. As palmas dos mártires, o orgulho dos inventores, o ardor dos canalhas espreitavam-no. O universo não tinha idade!

# 21

Aos dezoito anos Cervantes já muito viajara por caminhos espanhóis, de Valhadoli a Alcalá, de Alcalá a Córdoba e Sevilha, passando por Cabra... Aos quatro anos percorrera as quarenta léguas do trajeto Alcalá-Valhadoli. A légua, medida itinerária, equivalia a 6.666,6 varas ou 20.000 pés, pouco menos de 6 km: 5.572,7 metros.

Miguel com a família hospedou-se em albergues e estalagens do caminho, modelos para sua obra. Austeras Babilônias onde saltimbancos e carregadores, almocreves e carreteiros, declamadores e velhacos, soldados e seminaristas por um tempo deixavam de lado a cordura para entregar-se a carnaval de bolso. Viajantes havia que rezavam, mas a maioria, cansada da azáfama, queria divertir-se. Cantava, jogava ou entretinha-se com as criadas, vulgares, feias, com modos de virago. Todos eram forasteiros: sedutores diabos uns para os outros durante o parêntese de folgança e recreação que abriam albergues e estalagens.

Albergues isolados, não raro antigos castelos, diminutas cidades plantadas na estepe. Sem eles não havia caminhos. De cidade em cidade, desfiando o rosário de estalagens e albergues, os caminhos forjavam espaço e humanidade. O viajante, em caminhadas e paradas, imaginava Castela fruto dos caminhos.

Variegado escambo de ninharias, mesclado com fogosidades sensuais ou exaltações fervorosas.

Caminhos antigos traçados sobre vias romanas, salpicados aqui e ali de estalagens e albergues, de acordo com geometria de distâncias quase mágicas. Caravanas de carroças, seguidas por fileiras de mulas que ansiavam as postas. Não havia ainda a diligência, e o cavalo não substituíra a mula, sóbria e resistente rainha da estrada. Para a "cavalaria", ou seja, para o serviço de transporte, diz o cronista, usavam-se 400 mil mulas das 600 mil existentes.

A cristandade contava então pouco menos de oitenta milhões de habitantes, noventa quando morreu Cervantes, sessenta e cinco um século antes e quarenta em 1400. Sevilha e Valhadoli tinham sido as duas maiores cidades espanholas do século XV; Valhadoli retrocedeu e passou a terceira, atrás de Toledo. Em sessenta anos Valhadoli, Córdoba, Medina del Campo e Santiago de Compostela perderam habitantes, ao passo que a população das grandes cidades espanholas quase dobrou.

Madri, próxima etapa de Miguel de Cervantes, beneficiada pela instalação da Corte, passaria de 4 mil a 37 mil habitantes.

Quão longe, porém, estavam as maiores cidades espanholas das três grandes metrópoles européias: Londres, Nápoles — na época espanhola — e Constantinopla contavam mais de 200 mil almas, posto um especialista afirmar que a Cidade da Porta tinha já 700 mil. A Espanha peninsular era então habitada por sete milhões de seres, como o reino da Polônia ou o Império russo, ou como o conjunto das Ilhas Britânicas. A França contava o dobro de habitantes, assim como a parte mediterrânea do Império turco. Os Cervantes testemunharam o crescimento da população urbana. Em menos de um século duplicou, passando de 2,5% a 5%. Se Castela, a Velha, e Leão tinham densidade de vinte habitantes por quilômetro quadrado, o restante da Península mal chegava aos quatorze. Miguel de Cervantes assistiu também a fenômeno de deslocamento de população: Galícia despovoou-se em benefício da bacia de Guadalquivir. O emigrante viajou do Norte para o Sul em busca de luz e sol.

Anos depois seus próprios escritos revelaram-lhe o mundo, o que lhe permitiu criar outro. Fixava o inefável fazendo viagens iniciáticas à beira da vertigem.

*Retrato ideal, de autoria de Ferro, feito sobre o suposto de A. del Arco para a edição d'*O Quixote *de 1791*

# 22

Martina de Mendoza, prima de Miguel, não tinha ainda vinte anos quando se casou. Obedeceu com isso a tácita norma: em Castela as mulheres geralmente contraíam matrimônio entre os dezenove e os vinte anos. Nesse ponto, como em tantos outros, a Espanha estava dois séculos atrasada com relação à Europa cristã. No norte da Espanha a mulher tomava esposo entre os quinze e os dezoito anos.

E no entanto Carlos V e a moderna presença borgonhesa impuseram novos hábitos. Miguel de Cervantes conheceria autoridade real limitada por instituições castelhanas:

— o Conselho de Justiça, precursor do Supremo Tribunal, encarregado da babilônica tarefa judicial. A Espanha é país de litígios e processos;

— o Conselho Real, assembléia com poder de governo;

— e, acima de todos, as Cortes.

Instituições exageradamente poderosas para o gosto do monarca, e insuficientes para o povo.

Dominadora águia em cujo império não se punha o sol a Espanha era, mas economicamente tão frágil que, em vida do autor d'*O Quixote*, reinante Felipe II, três grandes crises se sucederam em quarenta anos: 1557, 1575 e 1597.

Império tão vasto quanto a antiga União Soviética mais os

Estados Unidos, com as finanças do México atual. Felipe II, humilhado qual moderno dirigente de país do Terceiro Mundo diante do Fundo Monetário Internacional, não podia pagar as faraônicas dívidas. Pedia moratórias e prorrogações, e amortizava com novos empréstimos os juros astronômicos de dívidas acumuladas pelo Império espanhol.

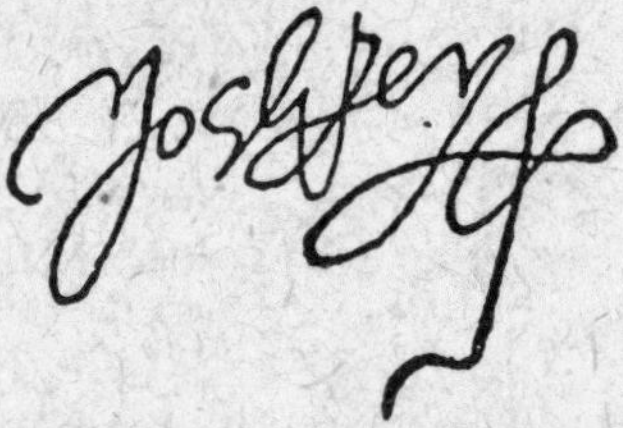

*"Eu, o Rei" (Felipe II)*

No tempo de Cervantes apenas as cidades de Burgos, Toledo, Leão, Sevilha, Córdoba, Múrcia, Jaén, Zamora, Ávila, Salamanca, Cuenca, Toro, Sória, Madri, Guadalajara e Granada direito tinham de representação nas Cortes. Não eram as mais populosas da Espanha. Sória, Guadalajara e Madri tinham então cerca de quatro mil habitantes cada uma, cinco vezes menos que Medina del Campo, quatro que Baeza ou Úbeda, e dois que Alcalá. Mágico privilégio defendido pela encantadora unanimidade dos beneficiários. Minoria de cidades com voz e voto, e com dois delegados cada uma. Província representada por uma de suas cidades, cidade aspirante a capital de província. Mas Orense, Vigo e demais cidades da marginalizada Galícia, sem esquecer Santiago de Compostela, viram-se obrigadas a aceitar, furiosas, que lhes defendera os interesses Zamora, de 4.755 habitantes.

Os Cervantes viram desfilar muitos representantes, e invariavelmente os acusavam de adventícios ou "sanguessugas". Votavam "serviços", impostos, e, em contrapartida, faziam-se porta-vozes das reivindicações das cidades. Ou teriam devido fazer-se. O rei estava acima deles, embora permanecesse a serviço da nação, como afirmavam os delegados nas Cortes: "O monarca nosso mercenário é."

O caminho que levava de Sevilha a Madri conduziu os Cervantes à Corte. Em semana e meia percorreram as sessenta e duas léguas do trajeto. A partir de Córdoba passaram por albergues do Montón de Tierra, de Guadalmer, de Herrero, de Tejada, de Alcalde, de Molinilho, e cruzaram muitas cidades: Porqueriças, Sierra Morena, Tartareno, Almodóvar del Campo, Argamasilha, Tirteafuera, Caracuel, Ciudad Real, Peralvilho, Malagón e Toledo. Marcos de aventuras e peripécias descritas pelo escritor em *O gigante Caraculiambro*, *Rinconete e Cortadilho*, *A ilustre fregona, O doutor Pedro Recio* etc.

Em Sevilha, e posteriormente em Madri, o senhor Rodrigo e família fizeram parte do mundo dos "pequenos". Curas de paróquia da época dividiram os habitantes da cidade em três categorias: "razoáveis", "pequenos" e "pobres".

Os razoáveis viviam com "razoável" conforto e eram medianamente poderosos, ainda que não cartesianamente. Representavam 10% da população.

Os pequenos — engraçada e inconsciente raiz da palavra "pequeno-burguês" — foram os pioneiros da sofrida classe e representavam 70% da população.

Os pobres correspondiam a 20% dos habitantes da cidade.

Nos censos o trabalhador pobre era um vizinho mais; morto, todavia, o marido, a viúva contava apenas como "meio vizinho".

Os pobres subsistiam "em estado de espantosa miséria". O nível de vida médio da família dos pequenos era infinitamente mais alto — 11 ducados anuais por pessoa: 15.522 maravedis, 121 reais... uns 1.000 dólares por ano. Mas um razoável, como o comissário do rei em Sevilha, recebia o mesmo valor cada semana e meia.

Miséria escalonada e subdividida, dos vadios aos "pobres de necessidade", passando por vigaristas, parasitas e "sopistas" (os que se alimentavam da sopa distribuída pelos conventos), bem como por bandoleiros e salteadores. Ainda alguns degraus abaixo, apareciam "pobres de solenidade" e escravos. Em Segóvia, por exemplo, os "pobres" representavam 16% da população, mas a poucas léguas da cidade, em Medina del Campo, apenas metade.

No tempo de Cervantes a caridade cristã, luxo e prestígio de ricos, dava valor à pobreza. Ao pródigo em esmolas perdoar-se-iam os pecados. Graças a tais dádivas o buraco por que os ricos teriam tido de passar para entrar no reino dos céus não era de evangélica agulha, e sim de mítica porta de Jerusalém, como afirmavam exegetas de púrpura e anel. A sociedade cristã espanhola criou redes de caridade para velar o pobre em todas as etapas da vida, do nascimento à morte: orfanatos, asilos, hospitais...

O jovem Miguel permanecia à margem desse mundo ocioso e brutal. Aspirava a criar flamantes festas, novas flores, outros astros, idiomas desconhecidos, prazeres originais e emoções perturbadoras.

# 23

Quando deixou Miguel de Cervantes Sevilha, a Nova Babilônia, com a família, em 1566, dezenove anos tinha. Sua curta história, de desilusões e poucas gratas recordações dos estudos, levou-o à capital do reino.

Como protagonista o teatro aparecera em Sevilha e em sua vida graças à Companhia de Comédias de Lope de Rueda. Lope de Vega não foi para ele o "grão Lope", mas seu delator e racista acusador. (Anos depois Quevedo julgar-se-ia obrigado a untar de banha os versos para que não lhos copiasse Góngora...) O destino arbitrou o duelo Lope de Vega-Cervantes na rua paralela imediata à via onde hoje se situa o literário e artístico Ateneu madrileno. Nela morreram Lope de Vega e Cervantes, mas a rua não se chama hoje Lope de Vega, senão Cervantes.

Em 1564, com dezessete anos, Miguel, embora "por ser rapaz então não lhe pudesse fazer juízo firme da qualidade dos versos", seduzido foi pelas representações sevilhanas de Lope de Rueda.

Dois colaboradores da companhia iniciaram o adolescente nos medos e emoções do teatro e nas delícias e angústias duma sensualidade diferente. Pedro Montiel, maquinista decorador, chegou ao teatro a partir do delicado ofício de fiador de seda. Cervantes "mal-escondeu"-lhe o nome n'*O retábulo das maravilhas*; o protagonista porta o feminil nome de Chanfalha, o que devia deixar os espectadores com a pulga atrás da orelha. Mas Cervantes, uma vez mais desmemoriado e descuidado, chamou "senhor Montiel" a quem teria de chamar Chanfalha:

"— Eu, senhores, sou Montiel, o que lhes traz o retábulo das maravilhas.

— Que o senhor Montiel comece sua obra — diz o governador."

Outro membro da Companhia Lope de Rueda também cativou Cervantes: Alonso Getino de Guzmán, magnífico dançarino, efeminado e gracioso bailarino. Declarou ao tribunal de Valhadoli: "Entende(o) de danças por ser bailarino e músico e usar disso por passatempo." Chanfalha e o gracioso bailarino permitiram descobrir a Cervantes labirintos, infernos e édens de sexualidade.

Cervantes provavelmente colaborou dalgum modo nas doze apresentações sevilhanas feitas por Lope de Rueda em 1564. Meio século depois publicou *A viagem ao Parnaso*, onde escreveu:

> Oferece a comédia se se adverte
> largo campo ao engenho, onde suceda
> de olvido e morte o nome estar liberto.
> Foi disso exemplo Juan de Timoneda,
> que com só imprimir se fez eterno
> as comédias de Lope de Rueda.

*[Ofrece la comedia si se advierte / largo campo al ingenio, donde pueda / librar su nombre de olvido y muerte. / Fue de esto ejemplo Juan de Timoneda, / que con sólo imprimir, se hizo eterno, / las comedias de Lope de Rueda.]*

Homenagem de Cervantes não apenas a Lope de Rueda mas também ao editor, Timoneda, repetido n'*O banho de Argel*, obra em que Osório proclama:

# ¶ Comedia llamada

delos engaños, muy graciosa y apazible, cõpuesta por Lope de Rueda, introduzense las personas siguientes baxo escriptas.

Verginio padre d̃ lelia, Gerardo padre d̃ clavela

Marcelo amo de Clavela
Lelia ẽ forma de paje llamado Fabio,
Clavela dama.
Julieta moça,
Guiomar negra.
Pajarero simple.
Lauro cavallero
Crivelo lacayo.
Frula meso nero
Fabricio hijo de Verginio.
Quintana ayo de Fabricio.
Salamanca simple de Fabricio.

*Personagens do teatro de Lope de Rueda. Gravura em madeira*

Antes que mais gente aflua,
o colóquio se comece,
que é do grão Lope de Rueda,
impresso por Timoneda,
que em velhice ao tempo vence.

*[Antes que más gente acuda, / el coloquio se comience, / que es del gran Lope de Rueda, / impreso por Timoneda, / que en vejez al tiempo vence.]*

Lope de Rueda morreu em Córdoba um ano depois, em 1565. Dramaturgo pobre e maldito, empenhou todos os bens, de caldeirões médios a túnicas de tafetá carmesim, passando por grelhas grandes e quatro alviões. Trapaceador, pediu ao último hospedeiro dez ducados — mil dólares — em troca duma corrente de ouro, sobra de antiga ocupação. Lope de Rueda, filho de Juan de Rueda, como o pai exercera na juventude ofício de ourives, depois chamado "bate-folha".

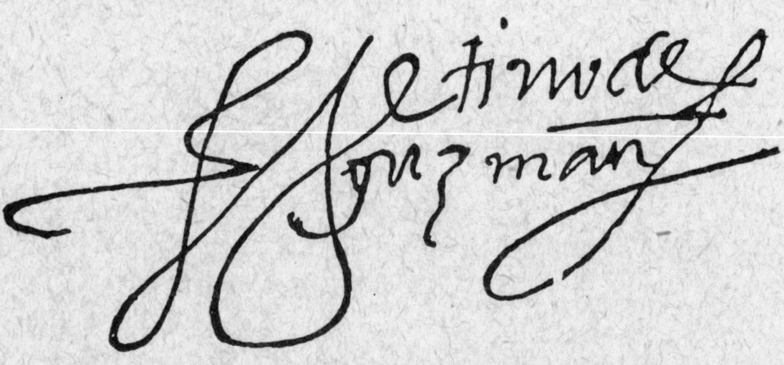

*Assinatura de Alonso Getino de Guzmán*

No prólogo das *Oito comédias* Cervantes escreveu, pouco antes de morrer:

"Há poucos dias me vi em uma conversa de amigos, onde se tratou de comédias e das coisas a elas concernentes; e delas eles falaram tão sutilmente e com tal felicidade, que, a meu parecer, suas propostas atingiram a perfeição. Tratou-se também de quem foi o primeiro que na Espanha tirou as fraldas às comédias, dando-lhes desembaraço, e as vestiu de gala e aparência. Eu, como o mais velho que ali estava, disse que me lembrava ter visto representar o grão Lope de Rueda, varão insigne na representação e no entendimento. Foi natural de Sevilha, e de ofício bate-folha, que quer dizer o que faz folhas de ouro. Foi admirável na poesia pastoril; e nessa forma, nem então nem depois, ninguém o superou; e, embora por ser rapaz eu então não lhe pudesse fazer juízo firme da qualidade dos versos, por alguns que me ficaram na memória, vistos ago-

*Lope de Rueda (1567). Gravura em madeira*

ra na idade madura que tenho, julgo ser verdade o que disse; e, não fora por não sair do propósito de prólogo, poria aqui alguns que afiançam essa verdade. No tempo desse célebre espanhol todos os acessórios de um autor de comédias cabiam em um saco de aniagem e contavam não mais que quatro peliças brancas guarnecidas de guadameci dourado e quatro barbas e cabeleiras e quatro cajados, pouco mais ou menos. As comédias eram uns colóquios como églogas, entre dois ou três pastores e uma pastora. Adornavam-nas e alongavam com dois ou três entremezes, já de negra, já de rufião, já de bobo, já de vascônio; essas quatro figuras e outras muitas fazia o tal Lope com a maior excelência e propriedade que se possa imaginar. Não havia por então maquinaria, nem desafios entre mouros e cristãos, a pé nem a cavalo; não havia figura que saísse ou parecesse sair do centro da terra pelo fosso do palco, este composto então de quatro ou seis tábuas sobre quatro bancos em disposição quadrada, o que o deixava a quatro palmos do chão; tampouco baixavam do céu nuvens com anjos ou almas. A decoração do teatro limitava-se a uma manta velha, puxada de um lado a outro por dois cordéis, a qual formava o que chamam vestiário; atrás dela ficavam os músicos, a cantar sem guitarra algum romance antigo. Morreu Lope de Rueda, e por homem excelente e renomado o enterraram na catedral de Córdoba (cidade onde morreu), entre os dois coros, onde também está enterrado o famoso louco Luis López."

Sua visionária imaginação impelia-o a buscar o teatro como ardente e fugitivo sonho. Habitava-o espírito de aventura para além de todas as aventuras. Fosse outra a cadência da realidade, como ansiava que o teatro o assombrasse com inverossímeis sentimentos!

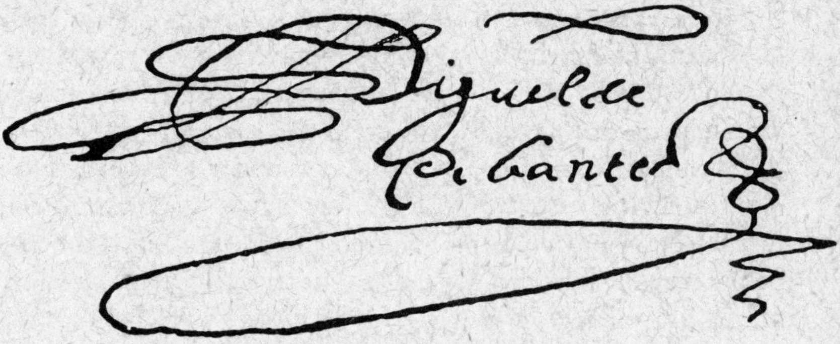

*Assinatura de Miguel durante a primeira estada em Madri. Cria monograma: M(*iguel*) C(*ervantes*) S(*aavedra*)*

EL INGENIOSO
HIDALGO DON QVI-
XOTE DE LA MANCHA,

*Compueſto por Miguel de Ceruantes*
*Saauedra.*

DIRIGIDO AL DVQVE DE BEIAR,
Marques de Gibraleon, Conde de Benalcaçar, y Baña-
res, Vizconde de la Puebla de Alcozer, Señor de
las villas de Capilla, Curiel, y
Burguillos.

Año,  1605.


CON PRIVILEGIO,
*EN MADRID*, Por Iuan de la Cueſta.

Vendeſe en caſa de Franciſco de Robles, librero del Rey nſo ſeñor.

*Capa da primeira edição castelhana d'*O Quixote

# 24

É Feliciano de Silva o bode expiatório mais sacrificado da história da literatura. Provavelmente apenas o "infame Avellaneda" poderia disputar com ele o ultrajante rótulo — um como sambenito — de mais insultado escritor das hispânicas letras. Condenação surgida após superficial leitura do primeiro capítulo d'*O Quixote*:

"[...] de todos [os livros de cavalaria] nenhum parecia tão bom [ao Quixote] como o que compusera o famoso Feliciano de Silva, porque a clareza de sua prosa e as razões suas lhe pareciam pérolas, e mais ainda quando lia aqueles louvores e cartas de desafio onde em muitas partes encontrava escrito: A razão da desrazão que a meu coração se faz [...]."

O desocupado leitor de hoje pergunta-se pela identidade do famoso escritor desconhecido de início citado com ardor pelo "Maneta" de Lepanto. Para tirar ao leitor quaisquer dúvidas, pode figurar nota de pé de página, escrita por autoridade de indiscutível prestígio.

Para o excelso acadêmico Martín de Riquer, é Feliciano de Silva "autor de vários enfáticos e altissonantes romances de cavalaria"; "é autor de livros de mentiras e futilidades" para Diego Gracián; e para Rodríguez Martín trata-se de escritor "de pueris trocadilhos e vazias insignificâncias". Teria podido Feliciano escrever o famoso terceto de Cervantes:

Fol. 1

# PRIMERA PARTE DEL INGENIOSO Hidalgo don Quixote de la Mancha.

## *Capitulo primero. Que trata de la condicion, y exercicio del famoſo hidalgo don Quixote de la Mancha.*

EN Vn lugar de la Mãcha, de cuyo nombre no quiero acordarme, no ha mucho tiempo que viuia vn hidalgo de los de lança en aſtillero, adarga antigua, rozin flaco, y galgo corredor. Vna olla de algo mas vaca que carnero, ſalpicon las mas noches, duelos, y quebrantos los Sabados, lantejas los Viernes, algun palomino de añadidura los Domingos, conſumian las tres partes de ſu hazienda. El reſto della concluîan, ſayo de velarte, calças de velludo para las fieſtas, con ſus pantuflos de lo miſmo, y los dias de entre ſemana ſe honraua con ſu vellori de lo mas fino. Tenia en ſu caſa

A vna

*Primeira página da primeira edição castelhana d'*O Quixote

L'INGENIEVX
DON
QVIXOTE
DE LA MANCHE

COMPOSE' PAR MICHEL DE CERVANTES.

TRADVIT FIDELLEMENT
d'Eſpagnol en François,
ET
*Dedié au ROY*
Par CESAR OVDIN, Secretaire Interprete de ſa Majeſté, és langues Germanique, Italienne, & Eſpagnole: & Secret. ordinaire de Monſeigneur le Prince de Condé.

A PARIS.
Chez IEAN FOÜET, ruë ſainct Iacques au Roſier.

M. D. C. XIV.
*Auec Priuilege de ſa Maieſté.*

*Primeira edição d'O Quixote em francês (de César Oudin) (1614)*

Por isso me angustio e me lastimo
de ver-me, só, em pé, sem que se destine
árvore que me dê algum arrimo.

*[Por eso me congojo y me lastimo / de verme solo en pie, sin que se aplique / árbol que me conceda algún arrimo.]*

É Feliciano de Silva autor maldito por excelência, tão ultrajado hoje como célebre em vida. Escreveu uma das séries de livros mais famosas da literatura. Provavelmente a mais!

Seus romances cativaram muitas das cabeças mais capazes da época. Na América sua reputação chegou a tal ponto, que *Florissel de Niquéia* foi o livro mais popular do Novo Mundo. Contra ventos e tempestades, e como zombando dos maledicentes detratores, sua fama chegou ao nosso século. Testemunhas viram-lhe os romances em feiras e mercados nos anos 20. Vendiam-se a socapa, como subversiva literatura de cordel. Cada modesta brochura custava dez cêntimos (ou seja, uma *perra gorda*, antiga moeda)!

Nenhum erudito preocupou-se com elucidar o mistério da estrondosa desgraça de Feliciano de Silva.

Foi Cervantes involuntário pai (ou melhor, recordando-lhe as próprias palavras, "padrasto"... a contragosto) da peregrina e injusta lenda negra contra seu autor preferido. E no entanto o "narrador" d'*O Quixote* elogiou-lhe sem reparos a "clareza da prosa". Prosa que admirou o próprio Quixote: as razões (de Feliciano de Silva) parecem-lhe "pérolas".

Tal não é, longe disso, a opinião da quadrilha de incendiários de livros que formavam o cura, o barbeiro, a sobrinha e a ama. O "narrador" mostra-nos, maliciosamente, como os mui vorazes trocam de papel: a ama e a sobrinha condenam os livros de Feliciano de Silva como morais juízes, ao passo que o cura o faz como literário censor.

O cônego, embora no que não via cresse, iluminado por fé de crente, adverte ao Quixote:

"Os estapafúrdios livros de cavalaria estão repletos de estranhas loucuras."

Cervantes uma vez mais parece não querer tomar partido, embaralhando opostos julgamentos a partir da barreira da ambigüidade...; não obstante, o cura-pirômano declara ao cupincha barbeiro:

"Em vez de queimar a rainha Pintiquiniestra e o pastor Darinel", duas personagens da obra de Feliciano de Silva, "[...] queimara com eles o pai que me gerou se andasse em figura de cavaleiro andante."

Quando essas linhas escreveu, o "Maneta" de Lepanto tinha cerca de sessenta anos e morrera-lhe o genitor havia vinte. Podia jurar alegremente em vão o nome do pai sem que este sequer tivesse chamuscada a barba. Ao pai barbeiro, ademais, devotava Miguel profundo desprezo. Nenhuma aventura teria podido correr o pusilânime Rodrigo de Cervantes, muito menos andar "em figura de cavaleiro andante".

Feliciano de Silva foi afamado escritor em vida e benquisto cidadão. Viveu e morreu em Ciudad Rodrigo, e ausentou-se do coração da cidade só para servir a Carlos V. Dom Diego Hurtado de Mendoza, pouco inspirado, zombou do criador de tão "empoladas aventuras", quando "o mais que correu foi de Ciudad Rodrigo a Valhadoli". Ignorava dom Diego que em mesa de romancista se podem desencadear mais aventuras que em todos os oceanos.

Ciudad Rodrigo, consciente de seu talento, distinguiu-o em vida: almotacé municipal, árbitro dos tribunais, perito em testamentos, testemunha em litígios de cônegos... e, apesar de leigo e cristão-novo, o cabildo da catedral designou-o representante da cidade no Concílio de Salamanca.

O filho de Feliciano, Diego de Silva, participou da conquista do Peru e, por mérito, nomeado foi alcaide de Cuzco. Cumpriu a missão com acerto e clarividência: protegeu o inca Garcilaso de la Vega e foi-lhe padrinho de confirmação; anos depois o Inca fundaria a literatura "hispano-americana" com *Comentários reais*.

Pinta a biografia de Feliciano de Silva o retrato de ponderado cidadão, inteligente e respeitado, nada acorde com a imagem retocada de gesticulador e espalhafatoso indivíduo esquematicamente evocada pelos desonradores. Sua reputação reconhecida foi pela casa real, ao aparentar-se com ela. Feliciano casou a filha María de Silva com o filho de dom Fernando de Toledo, primo-irmão de Fernando, o Católico, e neto do primeiro duque de Alba. O genro, dom Fadrique, em muitas ocasiões ao papa pedirá a bênção para o matrimônio com a *cristã-nova* de avoengo judeu, a idolatrada esposa María de Silva.

Feliciano de Silva é o escritor mais citado e mais bem lido por Cervantes. Caberia perguntar aos detratores: Por que leu Cervantes com tanto afinco livros, segundo aqueles, repletos de "vazias insignificâncias"? Por que os parodiou com tal conhecimento de causa? Por que passou uma parte da vida lendo essa literatura "insossa"? Cervantes foi escritor de rica bagagem intelectual, como demonstraria Américo Castro.

Tem-se por certo que Cervantes aplaudiu o *Amadis de Gaula* e condenou o *Amadis da Grécia*. Como razão se esgrime que o cura salvou da fogueira o de Gaula após ouvir a defesa do livro pelo barbeiro. Grande dupla de advogados! Ao longo do romance o narrador e o próprio Quixote não diferenciam os Amadis:

Se de seu Amadis se preza Gaula
por cujos bravos descendentes Grécia
triunfa mil vezes e sua fama alarga.

*[Y si de su Amadís se precia Gaula / por cuyos bravos descendientes Grecia / triunfa mil veces y su fama ensancha.]*

O *Amadis da Grécia*, de Feliciano, pouco ou nada deve ao primeiro. O leitor de boa-fé perguntar-se poderia com o Quixote: "Quem é mais galã que Lisuarte da Grécia?" Outro dos mil e um heróis saídos da pena do fecundo autor.

Mal-inserindo preconceitos religiosos entre fatias de sabença, alguns, menos doutos que sectários, ambicionaram fazer, mais que a cama, o féretro a Feliciano de Silva. Menéndez Pelayo pontifica, sentado em cátedra: "Há que separar o *Amadis de Gaula* da turba dos satélites." Dessa vez o senhor Marcelino da cátedra caiu. O próprio *Amadis de Gaula* satélite foi de poemas bretões, e cresceu "durante dois séculos de transmissão manuscrita", como assinala Gili Gaya.

Em ridículo (invariavelmente com poucas luzes e menos centelhas) foi posta a prosa de Feliciano. Mas nem Gracián, nem Góngora, nem Calderón desdenharam-lhe os malchamados trocadilhos, rebatizados paranomásias, "porque nem são todos os que estão nem estão todos os que são" em parnaso de eleitos... Em terras onde as rameiras se tornam romeiras, como assinalaram com idêntico jogo de palavras De Silva e o discípulo Cervantes. Dadaístas e surrealistas não cuspiram na cara de retóricas figuras de que com graça e delicadeza se valeu, qual precursor de barroca expressão, o feliz Feliciano. Não lemos nas "silvas" de nosso De Silva "meus olhos sem teus olhos não são olhos", mas na de Miguel Hernández. A razão da desrazão do mirobrigense assoma nos versos de poeta contemporâneo: "Ardo em tua voz e em teu redor ardo e tardo a arder o que a oferecer-te tardo." Tanto crítico obtuso teria podido merecer estes versos da época:

> Tua crítica fuleira
> dos livros que escrevi,
> Pedâncio, pouco me altera;
> mais pesadume tivera
> se te agradaram a ti.

*[Tu crítica majadera / de los libros que escribí, / Pedancio, poco me altera; / más pesadumbre tuviera / si te gustaran a ti.]*

Southey, crítico inglês, demonstrou a influência do mirobrigense em Shakespeare: *Florissel* aparece em *Conto de inverno*.

Com imenso respeito se conservariam na Inglaterra alguns exemplares de primeiras edições de Feliciano de Silva, porque em sua terra

> a inveja e a mentira
> o "mantêm" enclausurado.

*[la envidia y la mentira / le "mantienen" encerrado.]*

O estilo de Feliciano de Silva não lhe provocou a desgraça; Pascual de Gayangos julga-o "natural e simples" amiúde, e celebra-o Cervantes mesmo: "Admiráveis versos os das bucólicas, cantadas e representadas por ele com toda a elegância, discrição e desenvoltura."

Feliciano de Silva com a Contra-Reforma topou. Pouco depois da morte de Feliciano o Concílio de Trento propôs-se fazer entrar em "bom" caminho um catolicismo assaltado por místicos erasmistas, protestantes luteranos, alquimistas herméticos e cavaleiros andantes. Moralistas e teólogos, porém, já haviam tomado posição contra os livros de cavalaria. O país estava "infestado dessa peste perniciosa". O rei de Espanha, Carlos V, tinha os romances de Feliciano por favorita leitura; Santo Inácio de Loiola com eles se aprazia; Santa Teresa tão deslumbrada estava por eles, que com o irmão Rodrigo de Cepeda escreveu um livro de cavalaria, imitando o vizinho, como quando diz:

Que duro este desterro,
esta cela e estes ferros
em que a alma está metida!
Tão-só esperar a saída
causa-me tal duro afogo
que morro porque não morro.

*[Qué duro estos destierros, / esta cárcel y estos hierros / en que el alma está metida. / Sólo esperar la salida / me causa un dolor tan fiero / que muero porque no muero.]*

A Espanha amiga da ordem, racionalista, da Contra-Reforma, a sensata Espanha de curas e barbeiros ameaçada se sentia pelo furacão que por olho tinha uma Ciudad Rodrigo de cavaleiros andantes. A outra grande série de romances de cavalaria, a dos *Palmerins*, escrita foi também à sombra do castelo de Trastámara, de Ciudad Rodrigo. Castelo que positivista barbárie transformou em dormitório de turistas. Pedras erguidas ao céu para despertar lendas e aventuras e não para amodorrar turistas.

Que alguns desobedientes
à vergonha nem ao medo
pelas prendas da sua honra
já trocaram seus efeitos.

*[Que algunos inobedientes / a la vergüenza y el miedo / con las prendas de su honor / han trocado sus efectos.]*

Novo mundo conquistado por maltrapilhos aventureiros. Aprenderam a cavalgar e a sonhar com Feliciano; os romances de cavalaria tornaram-se subversivos guias. Acicate e modelo de conquistadores, finalizada a inverossímil e brutal façanha da conquista da América, os mesmos livros teriam podido servir de instrumento de libertação de nativos. Dispôs a autoridade "que não vão para a América: são mal exemplo para os índios". Os romances de Feliciano de Silva mudam-se em clandestinos manuais sediciosos. A Casa de Contratação de Sevilha, pouco antes da morte de Feliciano, proíbe-lhes a exportação "porque os índios, dando-se a eles, deixarão os livros de sã e boa leitura"... os tratados de resignação.

O último *conquistador*, Hernán Cortés, morreu esquecido em Sevilha, em 1547, ano da morte de Feliciano de Silva em Ciudad Rodrigo e do nascimento de Cervantes. Oito anos depois as Cortes de Valhadoli proibiram a leitura desses livros "de mentiras" e "de vaidades"... Recordando deleitosas leituras, Carlos V negou-se a assinar o decreto.

Matilhas de bem-pensantes continuaram o assédio ao escritor, acusando-o de malnascido. O bispo italiano de Bolluno, Luigi Lollino, revelou: "Tem falso nome de cristão sendo maometano e encantador da Mauritânia."

Na Península censores e confrades do Santo Ofício ao ultraje passaram. Frei Pedro Malón de Chaide acusou-os de "livros de sonho, mentiras e quimeras; não são de cavalaria, senão de velhacaria". O senhor Marcelino Menéndez Pelayo, séculos depois, deu com a razão da animosidade: "Eram livros sensuais que adormeciam a consciência e iam contra o espírito cristão da época."

Romances de mágico mundo. Mundo incompatível com razão e moral, movido por misteriosas forças que a ordem estabelecida era incapaz de controlar. Mundo ecumênico, aberto, pânico, sem preconceitos, em que se podia até recorrer à proteção de pagãos deuses, feiticeiros, magos, encantadores. Mundo de heróis individualistas, cavaleiros andantes, defensores dos oprimidos, surdos a decretos de Estados onipresentes. Era o romance de cavalaria esotérico veículo de segredos de alquimia. A Cabala, arte de cavaleiros, acesso dava ao conhecimento de herméticos livros. Analisou Cervantes a dupla linguagem dos romances de Feliciano de Silva, particularmente os últimos escritos, repletos de surpresas e fulgurantes ensinamentos.

Quando, mais de meio século depois da morte de Feliciano de Silva, *O Quixote* apareceu, a Contra-Reforma já triunfara. Controlado estava o país por minoria seleta, sensata, racional, comedida. Os romances de cavalaria são insulto ao progressista modernismo. Batalha intelectual perdida por Feliciano.

De Silva vencido comoveu Cervantes. Quando o "Maneta" de Lepanto a escrever começou o prodigioso romance, modernos funcionários, tacanhos e rabugentos, já lhe tinham encerrado em sevilhano cárcere. "Onde toda a incomodidade tem assento", asseverou o especialista em cativeiros após cinco anos de escravidão em Argel.

Simpatia sentiu sempre Cervantes pelos vencidos. Havia, como hoje, gente em demasia ao lado dos vencedores.

Mágico prestígio dos cavaleiros andantes de Feliciano de Silva esvaecido já quando Cervantes escreve *O Quixote*. Romances de cavalaria transformados em condenados anacronismos por prudentes governantes. Tinham provocado toda a decadência econômica da Espanha. Três graves crises durante o reinado de Felipe II. Expertos e guias pediam que, longe de devaneios cavaleirescos, o país se ativesse ao valor do dinheiro e à posição social... Só um cavaleiro reconheceriam, o Senhor Dinheiro.

Mãe, ante o ouro me ajoelho;
ele é meu amante e amado,
pois de tão apaixonado
de contínuo anda amarelo,
ele faz tudo o que quero,
poderoso cavaleiro,
Senhor Dinheiro.

*[Madre, yo al oro me humillo; / él es mi amante y amado, / pues de puro enamorado / de continuo anda amarillo, / que pues doblón o sencillo / hace todo cuanto quiero, / poderoso caballero / es Don Dinero.]*

O povo, às escondidas, lendo seguia a obra de Feliciano de Silva, e por isso lhe tacharam do que era, com muita honra!· "plebeu".

Apenas cem anos depois afirmou Juan Alfonso de Lancina: "Aos soldados espanhóis [leitores de Feliciano] não falta coragem nem intrepidez, senão heróis para dirigi-los." Andantes cavaleiros suplantados por pusilânimes capitães ou desertores execrados por Lope:

A quem não dará cuidado
se é espanhol verdadeiro
ver os homens à moda antiga
e a coragem à moderna?

*[?A quién no dará cuidado / si es español verdadero / ver a los hombres a lo antiguo / y el valor a lo moderno?]*

Críticos sem preconceitos têm-se perguntado: Terá Cervantes defendido com *O Quixote* a obra do condenado romancista de Ciudad Rodrigo? Terá tentado reivindicar o cavaleiro andante como herói e modelo, burlando censuras? Que terá querido dizer com o romance? Para Ortega y Gasset: "*O Quixote* é um equívoco, colossal equívoco." O próprio Américo Castro mudou radicalmente de opinião sobre Cervantes em duas sucessivas edições do mesmo livro quanto a sua sinceridade e a seu sentimento religioso-racial.

Aceitam alguns como evidência que Cervantes a obra condenou de Feliciano de Silva. Como se o autor d'*O Quixote* tivesse podido renunciar à quinta-essência de sua arte: a faculdade de apresentar sobre um mesmo tema pontos de vista distintos ou contraditórios — sua ambigüidade. Cervantes não satirizou Feliciano de Silva nem a ninguém, e em verso o proclamou:

> Nunca voou a humilde pena minha
> pela região satírica, baixeza
> que a infames prêmios e desgraças guia.

*[Nunca voló la humilde pluma mía / por la región satírica, baxeza / que a infames premios y desgracias guía.]*

Feliciano de Silva foi também admirável dramaturgo, autor da chamada *Segunda Celestina*. Obra de teatro "francamente obscena" segundo os censores. Ao leitor de hoje tanto frustra a obra no capítulo picardias como entusiasma por qualidade literária e dramático rigor.

No prólogo d'*O Quixote* elogia Cervantes *A Celestina* com "versos de pé quebrado". Que pretendeu truncar, recortar, esconder? Escreveu:

> Para mim, livro divino
> se encobrira mais o humano.

*[Libro en mi opinión divino / si encubriera más lo humano.]*

Versos de mil maneiras interpretáveis, entre as quais estas duas: *livro exímio, maravilhoso, se não fosse tão obsceno*; *livro que seria irreal* (divino) *se não estivesse tão próximo da realidade* (o humano). Não se referiu Cervantes à *Celestina* de Fernando de Rojas, e sim à de seu favorito autor.

Coincidência deu-se entre Cervantes e Feliciano de Silva, não assinalada ainda por estudiosos: *O Quixote*, de Cervantes, e *A Celestina*, de De Silva, estampam a mesma dedicatória: "Ao duque de Béjar". "Se encobrira mais o humano"!

E em matéria de "encobrimentos"... o narrador d'*O Quixote* induz a erro o desocupado leitor desde a primeira página. À pérola, "a razão da desrazão", modelo de prosa de cavaleiros andantes, não a escreveu Feliciano de Silva em romance de cavalaria, mas como fala d'*A Celestina*.

Fascinante jogo de espelhos para quem olhos tem mas não vê e ouvidos tem mas não ouve.

Por quatro séculos antipatia, insultos ou sarcasmos enterrar tentaram a obra do iniciado alquimista Feliciano de Silva. A boa-nova apregoada por seus heróis chegou de ricochete por meio de fidalgo manchego mais engenhoso que louco.

Propunha Feliciano caminho de salvação à margem de éticas oficiais. Mas o país em decadência entrara, acorrentado a traições de chefetes de baixa estatura... De tão baixa, que encarapitar-se não podiam nas ancas do Rocinante. Comentou Quevedo:

> Que coisa é ser de Espanha um infanção
> de sela reduzido à gineta
> e um cavalo gastar numa excursão!

*[Qué cosa es ser un infanzón de España / abreviado de la silla a la jineta / y gastar un caballo en una caña.]*

E com mais sentimento ainda:

Olhei os muros desta pátria minha
se um tempo fortes já desmoronados,
pelo peso da idade mui cansados
por quem caduca já sua valentia.

*[Miré los muros de la patria mía / si un tiempo fuertes ya desmoronados, / de la carrera de la edad cansados / por quien caduca ya su valentía.]*

Dispersos pelo mundo ou reclusos entre muralhas, quixotes e cavaleiros andantes, com Cervantes e Feliciano de Silva, foram sempre os mesmos, os de antes e os de agora e os de amanhã, sábios e loucos, heróis e insensatos. Não vieram ao mundo para viver melhor ou pior. Quando o universo está sozinho, entregue a suas próprias misérias, têm eles palavras de justiça, amor, beleza e ciência.

Os que escolhem o servilismo voluntário nem sequer maldizem a existência.

*Juan Andrea Doria (duma gravura da época)*

# 25

Cervantes, durante a estada em Roma, em 1570, como criado e *cameriere* do jovem cardeal invertido Julio Acquaviva, durante os cinco anos de escravo nas mãos de sodomitas de Argel, durante o longo mergulho na babilônica Sevilha ("pedra de depravação"), consagrou-se à Cabala hermética e captou a diferença de tom e timbre entre ela e a exegese de textos bíblicos chamada Cabala filosófica.

Feliciano de Silva, o mais admirado mestre de Cervantes, com os romances cabalísticos (conhecidos ordinariamente como de cavalaria) e com a comédia *A Celestina* abriu a estrada real que levaria à hispânica alquimia. Quando Cervantes tinha doze anos, em 1559, o nome do romancista e comediógrafo de Ciudad Rodrigo figurava já no rótulo da infâmia e quadro de honra dos heterodoxos: o primeiro *Índex de livros proibidos*. A "expurgação" da obra de seu escritor preferido teria podido enterrar-lhe sete palmos "debaixo da terra as chaves dos livros secretos"; ao contrário, tal veto a curiosidade despertou do adolescente Cervantes.

Impressionaram Cervantes éclogas bucólicas ou ecológicas e "a linguagem dos pássaros", "signos sonoros por que se comunicam as aves". Desse idioma original valeram-se Adão e Eva para entender-se um ao outro quando quebraram gelo e fogo.

Perdeu o ser humano, ao sair do prístino nirvana, o espontâneo esperanto. Antepassados inconsoláveis apaixonaram-se, a título de compensação, pela ornitomancia, ciência da adivinhação pelo vôo e canto de pássaros.

A partir da "linguagem dos pássaros", Feliciano de Silva vagueou por seus escritos até alcançar a "linguagem dos cavalos", modo de comunicação hermético graças a que se relaciona cavaleiro com cavalgadura. Cervantes, deslumbrado por adolescentes recordações de leitura, trafega por Mediterrâneo buliçoso. Os livros de Feliciano de Silva tinham sido famosos em toda a região; o autor mirobrigense foi, em verdade, o mais célebre escritor de seu tempo, com livros editados em todo o mundo civilizado da época, de Veneza a Londres. Um golpe *post mortem* do padre Valdés com seu *Índex* mandou-o para limbo de "não-seres" da literatura e por fim, com a ajuda da rasa crítica do século XIX, para inferno de bodes expiatórios.

De volta do cativeiro, Cervantes tentou por meio do teatro pôr sobre tábuas de curral vistos prodígios e intuídos segredos. Batismo de fogo sem fogo de gambiarras narrado entre dentes mas sem rancor, sete meses e nove dias antes de morrer, no prólogo a *Oito comédias e oito entremezes novos nunca representados*:

"Voltei a escrever comédias, mas não encontrei pássaros nos ninhos de outrora, quer dizer, não encontrei representante [ator] que mas pedisse [...] posto soubessem que as tinha [...] e assim as pus de lado em um cofre."

Sondou a liberdade de homens e pássaros o teatro de Cervantes. Cingir-se não podia a carroça conduzida por "representantes", os quais por missão tinham, com farândola, dar brilho e esplendor a mandachuvas e trevas, e mordaça a insubmissos.

*Juan de Timoneda, livreiro de Valência, editor do teatro de Miguel*

Sedicioso Cervantes, capaz de comentar com largueza de espírito mas sem papas na língua n'*O Quixote*:

"[...] como as comédias se fizeram mercadorias vendíveis, dizem e dizem verdade [os poetas] que os representantes não as comprariam se não fossem de tal jaez [...] e assim o poeta procura acomodar-se ao que o representante lhe pede."

Teatro de maquinaria e censura, vitrina oficial e nicho de submissos. Não conseguia adaptar-se o herdeiro de Feliciano de Silva e de Lope de Rueda a essas mercadorias. Passo a passo, peça por peça, falou de teoria de encenação ao leitor de teatro:

"Todos os acessórios de um autor de comédias [refere-se ao ator-diretor da companhia] cabem num saco de aniagem."

Soam as palavras como as do jovem autor de hoje a falar de *novo teatro* contemporâneo.

Dois anos antes de morrer, em apêndice ao *Parnaso*, Cervantes revelou: "A comédia que mais estimo e mais me orgulha foi e é *A confusa*", obra perdida, como outras, do autor d'*O Quixote* por não ter sido publicadas. Mas sabemos, graças ao primeiro dicionário da língua (1611), de Sebastián de Covarrubias, que "confusão vale por mesclar [...] como se despejássemos um licor em outro diferente", assim como, graças a outros autores, sabemos que a palavra significa amálgama, ou seja, operação que realiza em forno hermético o adepto da alquimia.

Adverte-nos Cervantes: "Fui o primeiro a representar as imaginações e os ocultos pensamentos da alma." Por isso, ainda que celebrado no fim da vida como romancista, não viu suas comédias nos palcos. Os "representantes", surdos a língua de pássaros, batiam-lhe a porta na cara para impedir que fosse representado.

"Não encontrei pássaros nos ninhos"... Rejeitado pelos contemporâneos como dramaturgo, pôde permanecer em torvelinho ordinário. A Espanha, madrasta cega, incapaz de reconhecer-lhe o teatro, cumpriu papel de indispensável aguilhão. Pôs-lhe em cena o engenhoso prodígio. Escola estimulante. Cervantes deu através do espelho o salto para a quinta-essência qual pássaro com duas línguas. Doloroso acicate, obra teatral não-representada vaga ou jaz, mas súbito medra, floresce e alça vôo.

Cervantino teatro, destinado a desaparecer para sempre dado o desdém dos "representantes". Sem embargo, quando o fio de sua vida prestes estava a romper-se, recebeu visita de "editor". Resgataram-se as obras de vazio e silêncio:

"Então me disse um livreiro que mas compraria" [as comédias] "[...] vendi-as ao livreiro, que as imprimiu como aqui tas ofereço."

Juan de Villarroel, o "livreiro", editou a obra dramática do autor d'*O Quixote*; graças a ele se pode escutar a eterna linguagem dos pássaros. Com que ligeireza e fervor (graças a essas obras nunca representadas em vida) pulou o muro que separa a existência da fantasia!

*Escudo de armas do marquês de Santa Cruz*

# 26

Quando os Cervantes empreenderam a viagem para Madri, Miguel da carroça contemplou Sevilha, a cidade portal entre o Velho e o Novo Mundo. A primeira cidade da Espanha tinha a face virada para a América.

Os Cervantes pensavam que viviam em vale de absurdas gargalhadas e lágrimas de sangue, em beco de pistoleiros, místicos, alcoviteiros e vendedores de bugigangas. Observaram que, durante incursões de conquista, os descobridores contagiavam autóctones ultramarinos — deixavam-lhes tuberculose e sarampo — e eram infectados — voltavam com sífilis. Para a América saíam uvas, ovelhas e azeitonas; dela vinham coisas nunca vistas, como tomates, batatas-doces ou tabaco. Vários séculos antes "tinham malvoado" galinhas dos prístinos cercados da Índia para galinheiros ocidentais ainda vazios, e damascos chineses ou cerejas do Cáspio já semeavam hortos e pomares europeus. Também para Rodrigo e Juan Cervantes, contudo, o Império onde nunca se punha o sol era vale de mentiras e corrupção.

A aventura ou façanha chamada Conquista da América, realizada em grande parte por *cavaleiros andantes* ou judeus errantes, apaixonou os cristãos-novos, e muito especialmente aos Cervantes.

No ano do nascimento de Miguel concluiu-se a conquista e

teve início a exploração, ou colonização. Um simbólico óbito assinalou o acontecimento: o último conquistador, Hernán Cortés, morreu. Esquecido e precisamente em Sevilha. Também morreu esse ano Feliciano de Silva, autor do volume VII e do XIII da série de livros de cavalaria intitulada *Os Amadis*. Felipe II, dito o Prudente, doutrinado pelo *pensum* de Maquiavel, olhou com desdém e até com rubor os livros de cavalaria. Deles muito gostara o pai, o imperador; tanto, que até chegou a escrever um. "Máscara de cavaleiresca" foi para ele a conquista da América. Estimou que chegara o momento de explorar o explorável e desarmar os Amadis. Cavaleiros em busca de El Dourado, de fontes de juventude e até do Graal. Além-mares chamaram as regiões conquistadas pelos legendários nomes das inventadas nos romances de cavalaria.

Empreendeu a primeira etapa do descobrimento Cristóvão Colombo. A família da avó materna dos Cervantes, os Torreblancas, tinham-no conhecido na estada em Córdoba. O bacharel Juan Díaz de Torreblanca parabenizou com selos, cintas e lacres o primeiro ato da buliçosa e romântica aventura do descobridor.

Imprudente e grandioso projeto, quixotesca proeza capaz de fascinar os Cervantes: pretendia Colombo chegar à China e ao Japão navegando para o oeste. Não perderam tempo o almirante e os Cervantes estudando as eruditas conclusões da Universidade de Salamanca, da de Sorbonne, da de Londres ou da de Lisboa. Julgavam ponderadamente os especialistas irrealizável e perigosa a empresa de navegar durante cerca de um ano rumo ao Japão. Sem embargo, Cristóvão Colombo, esporeado pela idéia de deslumbrar a esposa, Felipa Moniz Perestrello, não deu ouvidos ao ditame acadêmico. Descendia a dama da mui antiga família italiana dos Palastrelli. Em 1271 Marco Pólo, rebento da família, após receber bênção papal, iniciou a legendária viagem.

Contemporâneo de Leonardo da Vinci, de Savonarola e da

astutíssima Isabel, a Católica, Cristóvão Colombo, surdo à ciência da época, quis deslumbrar a esposa. Felipa irritava-o com eternas recordações do glorioso antepassado, Marco Pólo. Queria Cristóvão Colombo demonstrar à cônjuge que, apesar de tapeceiro genovês como os antepassados, era muito capaz de corrigir o próprio viajante veneziano. Quixotesca empresa inspiradora de Cervantes. A habilíssima Isabel, a Católica, qual moderno produtor de cinema sem dinheiro a que se proponha filme sem estrelas nem galãs, aceitou "produzir" a louca expedição do genovês... sem pagar maravedi algum, mas disposta a embolsar benefícios e rendas. Embora o bravo almirante genovês provavelmente, pensou a rainha, fosse perder nas "procelosas águas do Atlântico" bens, bagagem e... vida. Se a Roda da Fortuna premiasse a insensata expedição do almirante Colombo, calculou a astuta soberana, enriquecer o reino poderia com alguma ilha como Madeira e, deixando-se sonhar — coisa que tão pouco fazia —, com alguma região como Guiné ou Senegal. "Nada pode justificar o favor de suas altezas a empresa que repousa em bases tão frágeis e parece impossível de realizar aos olhos de toda a pessoa que tenha algo de sabedoria, por pouco que seja."

A expedição não devia custar à soberana nem um maravedi. Os gastos, porém, chegavam a dois milhões. Adiantou-os o verdadeiro financista da operação, um amigo dos Torreblancas, Luis de Santángel. Equivaliam tão-somente a dezessete quilos de ouro; se o "cigano" Mendoza tivesse tido três amantes da coragem e firmeza de dona María de Cervantes, teria tido de desembolsar essa quantidade de dinheiro. Tendo já encontrado, sem mexer na bolsa, "pagador", restava à rainha católica achar gratuitamente caravelas. Bêbedos de Palos de Moguer, durante o Carnaval, tinham-lhe pintado caricaturalmente o retrato: a cidade foi condenada a fornecer as três caravelas e a tripulação da empresa. Pequenas caravelas, a maior, a Santa Maria, de menos de cem toneladas, com apenas oitenta e sete homens.

Na hora de assinar contratos, promessas e quejandos, Isabel, graciosa e católica, imaginava apenas, por desenlace da estapafúrdia aventura, descobrimento de ilhota de má morte ou naufrágio de pior. Firmadas e confirmadas em 17 e 30 de abril de 1492 as "Capitulações de Santa Fé", Colombo nomearam almirante de todas as terras descobertas, com caráter hereditário. A rainha concedeu-lhe o exorbitante privilégio, tão fácil de acordar por escrito como de suprimir na realidade, de receber a décima parte de todas as riquezas das novas terras, ouro, prata e metais preciosos — *aos inocentes mancheias.*

Os Torreblancas acompanharam as peripécias da aventura, por intermédio do amigo Luis de Santángel, como assunto de família. Cristóvão zarpou de Palos em 3 de agosto, e em 12 de outubro alcançou terra em Guanahaní. Não chegou à China nem ao Japão, mas, sem perceber, descobriu a América. Traçou com mágica mestria, apesar de tão pouco saber de navegação, o caminho das Índias. Conseguiu a perfeição do percurso: linha marítima durante séculos de posterior navegação ultramarina. Primeiro périplo, coroado por outra façanha: na viagem de volta Colombo seguiu também linha surpreendentemente exata.

Se Colombo tivesse dado asas à esperança sem deixar-se contagiar por receios da tripulação, quão diferente seria hoje a estrela e destino de Nova York! Navegando a toda a vela pela rota inicialmente prevista, a Manhattan teria aportado. Das Canárias o genial judeu de Gênova, em linha reta, mastros apontados, para a Urbe, com u maiúsculo, ia diretinho, quando encrespada maruja — homens de pouca fé! — o obrigou a corrigir rumo para alcançar terra a remo e vela, e de afogadilho, nas Bahamas.

Nova York espanhola! A primeira terra americana pelo descobridor pisada teria tido por alcaide o senhor Diego de Silva, filho do primeiro romancista em língua espanhola e mestre de Cervantes, Feliciano de Silva. O senhor Diego, todavia, teve de contentar-se, submetendo-se aos remoinhos e sobressaltos da história, com o município de Cuzco. Se tivesse alcançado Colombo Manhattan ao cabo do primeiro périplo, o Estado de Nova York assemelhar-se-ia hoje a Honduras.

Nova York teria podido chamar-se, em homenagem ao berço dos De Silva, Nueva Ciudad Rodrigo ou Nueva Miróbriga. O senhor Diego de Silva teria cumprido a missão com a clarividência demonstrada no Peru; em vez de apadrinhar e proteger o inca Garcilaso de la Vega e seus *Comentários reais*, teria abraçado o tetravô do índio Jerônimo. A primeira imigração judia teria sido de conversos espanhóis, de cavaleiros andantes, de apaixonados leitores de romances de cavalaria. Iluminados por fé capaz de mover cordilheiras, teriam levantado o véu e descoberto a Pensilvânia, Wisconsin ou Michigan. Essas terras hoje teriam nomes da fabulosa geografia dos desdenhados romances.

Nova York é a cidade do mundo mais parecida com a Ciudad Real dos anos quarenta; faltam-lhe tão-só as muralhas. As duas cidades são da mesma tessitura; barraquinhas de Canal Street poderiam instalar-se no antigo mercado das terças-feiras de Ciudad Rodrigo. Nova York é metrópole brutal e enternecedora, brusca e sentimental como uma Ciudad Rodrigo sem apedrejamentos, nem *encierros* de touros, nem enterros de sardinha, nem carnavais, nem gigantes e cabeçudos, mas com o inferno debaixo do asfalto como caldeirões de Pedro Botero e o céu entre pontas de arranha-céus como castelos no ar de paraísos de alquimistas.

Ciudad Rodrigo e Nova York, quanto mais se visitam, "menos se conhecem", e, quanto mais nelas se vive, mais surpreendem, espantam e desconcertam. Em navio de alto bordo fiz minha primeira viagem à ilha. Quão escandaloso teria sido abordá-la pela primeira vez transportado por grande pássaro metálico de mau agouro, com bico de hélice. Certa manhã do mês de outubro de 1959 vi, filho da água, qual grumete da *Santa Maria*, no horizonte aparecer terras americanas.

Não cheguei a Nova York como mandatário de Isabel, a Católica, e sim como representante de jovem literatura com Calvino, Günter Grass, Charles Tomlinson e Hugo Claus. Por pura aberração me foi outorgada a tão imérita incumbência, muito acima de meus parcos merecimentos. Em verdade, no entanto, desembarquei na ilha pela primeira vez em 1959 não como testa-de-ferro literário, mas com o desejo de encontrar as *"incroyables florides"* de Rimbaud. Muitas seriam durante anos as decepções causadas por tamanha insensatez... Tantas quantas rugas me sublinharam de desgosto a testa.

Muito mal para Colombo, como os Cervantes haviam suspeitado, conhecedores da "madrasta Espanha", terminaria a aventura. Em último kafkiano papel, pediu o que se lhe devia, mas nunca o conseguiu. Amargurado, na miséria, morreu em 20 de maio de 1506; nem a Espanha, nem o mundo civilizado, nem o próprio Colombo suspeitavam que as terras descobertas eram o Novo Mundo.

Gesta trágica, prodigiosa empresa e rocambolesca façanha vivida pelos Cervantes como pessoal história. Por trinta anos o descobrimento engendrou um sem-fim de conquistas, aventuras, travessias e explorações: Elcano, prosseguindo o périplo de Magalhães, de 1519 a 1522 deu a volta ao mundo, sem parar de descobrir, denominar e estandartes fincar; Balboa descobriu no Panamá o mar do Sul, o Pacífico, em 1513; Pizarro entrou em Cuzco em 1533; Valdívia fundou Santiago, hoje do Chile, seis anos antes do nascimento de Cervantes; Almagro percorreu os Andes de 1535 a 1536; De Soto conquistou o sul dos Estados Unidos de 1539 a 1542... Aos cinqüenta e tantos anos Juan Ponce descobriu e conquistou a Flórida procurando a ilha de Bemíni, onde havia maravilhosa fonte, dadora de juventude e potência sexual.

Orellana marcou o final da conquista com a exploração do Amazonas, concluída pouco antes do nascimento de Cervantes.

Conquista que resultou num dos mais medonhos cataclismos da História: a população índia do que hoje chamamos México passou de vinte e cinco milhões a dois milhões de habitantes. Terrível matança: a população da Terra passou dos trezentos milhões de habitantes da época de Cervantes aos seis bilhões de hoje. A população índia não se multiplicou por vinte; perdeu no mesmo período dois terços: passou de oitenta a vinte e cinco milhões.

Cervantes não se quis deixar arrebatar pela virulência, que faz da seiva veneno.

# 27

A reboque do pai, Miguel viveu antes de chegar a Madri cinco anos em Córdoba, em Cabra outros cinco e, por fim, dois em Sevilha. Pouco ou nada conheceu nessas cidades das boas ações da Companhia de Jesus; tampouco fez os estudos que esperar cabia do neto do bacharel Juan de Cervantes.

Cada mudança, cada reviravolta obedecia à necessidade de esconder-se de credores ou ao intento de melhorar a sorte. Família decadente, apenas impelida pela esperança. Etapas e tropeços com o pai, cada vez mais frágil, cada vez mais surdo, cada vez mais encerrado na misantropia, cada vez menos capaz de enfrentar a realidade. Mundo áspero, inacessível, parecia-lhe hostil e turbulento. Por onde passou, o cirurgião-barbeiro vislumbrou desconfianças e prevenções. Expedientes da família pelos vizinhos examinados sem indulgência: "De que vivem os Cervantes?"

Em Córdoba imaginaram alguns que o avô socorria filhos e netos, apesar das exigências da amada governanta e barregã. Em Cabra levantou-se a hipótese de que o tio de Miguel, Andrés, bem de vida, desse uma mãozinha e alguns maravedis ao senhor Rodrigo e filhos. Em Sevilha a maior parte da gente achava que só as doações do senhor Nicolás a Andrea por seus belos olhos tinham conseguido salvar família das dívidas. Vizinhos mais maledicentes o boato repetiam de que a fulaninha Andrea substituíra a beltraninha María.

Em verdade o cirugião-barbeiro gozava de duas profissões que poucos gozos lhe davam, e menos ainda dinheiro. Tempos difíceis, sem clientela, a pular pela geografia da Espanha, êxodos e saltos como sanções de profissionais desilusões.

O senhor Rodrigo em Madri abriu pensão, casa de lenocínio para os necessitados, com a filha, a bela Andrea, juveníssima mamã de vinte e dois anos, por mimosa anfitriã, distribuidora de carícias e consoladora de desconsolados. O adolescente Miguel observou o rebuliço, comemorando não estar surdo como o pai para poder ouvir e anotar na mente esboços de futuras obras.

Alcoices de Madri, de embustes, galanteios e milagres. Libertinos valhacoutos para vertiginosos amores e tarifados consolos. Casas sufocantes e sensuais de pequena aldeia mudada, dentro de alguns anos, em capital da Espanha.

Teria gostado Miguel de ser o apaixonado de solas de brisa. Teria desejado erguer albergue no firmamento para divertir-se gozoso com as estrelas.

# 28

Cortesãs, clientes e rameiras madrilenas mexericavam sobre as relações de Felipe II com o filho, o príncipe de Astúrias, dom Carlos. O rei, quando Cervantes chegou a Madri, tinha pouco mais que o dobro da idade deste: quarenta anos fizera. Enlutado e estrito, escondia atrás de máscara de rigor a paixão pelas mulheres. Pelas gordas, especialmente. Lupanares de Flandres freqüentava, disfarçado de simples cidadão, para apertar nádegas de flamengas na escuridão da noite. Muito gostou o rei das duas primeiras mulheres, Maria de Portugal e Maria Tudor da Inglaterra, mas até o frenesi o apaixonou somente a terceira esposa, Isabel de Valois. Após a morte de Maria de Portugal e antes de casar-se com a vulcânica e madurinha Maria Tudor da Inglaterra, o rei, incapaz de passar as noites sem feminina presença, viveu dos dezenove aos vinte anos outro grande amor, com Ana de Osório. Felipe II teria podido dizer de Ana simplesmente o mesmo que Goethe disse da esposa e criada:

"É-me delícia na cama."

Felipe II, brindando a futuros cursos de psicanálise perfeito caso clínico, teve com o filho traumatizantes relações. Após prometer-lhe por esposa a mais espirituosa e encantadora princesa do Ocidente, Isabel de Valois, e quando o herdeiro encantado sonhava com ela, tirou-lha brutalmente. Anunciou *urbi et orbe* que o rei de Espanha, ele, iria casar-se com... a namorada do filho. Sem necessidade de Freud, Madri supôs quão mal podia terminar o qüiproquó. Testemunhas indiretas da arenga foram os hóspedes da "pensão" de Andrea Cervantes. O entrevero, porém, ultrapassou as fronteiras de Madri e da Espanha: escandalizou o mundo, e séculos depois súbito ressurgiria no romantismo pela pena de Schiller.

Anos antes Felipe II, para comemorar o batizado do filho, touro bravo matou, para assombro da multidão, de uma estocada, como talvez de outra acabaria com a vida do filho vinte anos depois. Enquanto o touro agonizava na praça de Valhadoli, os terços do rei saqueavam Roma. Tropa tão ameaçadora, que o papa teve de refugiar-se no castelo de Santangelo, qual Tosca sob pálio.

O pai de Felipe II, Carlos V, graças a um conjunto de circunstâncias pouco comuns, foi coroado rei da Espanha em 1516 com menos de dezessete anos: os avós, os Reis Católicos, só um varão tiveram, dom Juan, morto aos dezenove anos. A primogênita, Isabel, deu-lhes um herdeiro, dom Miguel, que morreu aos dois anos. A terceira filha, Joana, louca de amor casou-se com Felipe, o Belo, que morreu pouco antes de tocar terra espanhola e pelota de frontão basca... recaindo com isso a coroa na cabeça de Carlos V. Embora Carlos I de Espanha fosse, não conhecia língua, nem usos, nem costumes de país nunca visitado. Não obstante, os dias terminou em mosteiro espanhol, Iuste, ainda que tivesse desejado morrer em Dijon, berço da legendária família borgonhesa e do Tosão de Ouro. Mais borgonhês que espanhol, Carlos V efetivamente meteu a Espanha no labirinto centro-europeu e na efervescência protestante, arenas muito mais perigosas que a de Valhadoli. Na casa de Andrea Cervantes não parecia sensato que a Espanha soldados e capitães perdesse em batalhas tão distantes do pátrio solo. Morrer por Flandres seria nobre causa? perguntou-se o irmão mais novo de Cervantes, Rodrigo, precisamente trinta e três anos antes de em Flandres perder a vida.

Felipe II não era filho nem neto de Camborios lorquianos, mas de flamengo e portuguesa. Neto, bisneto e tetraneto de tal variedade de nações, que elas teriam podido constituir o primeiro avatar da Sociedade das Nações. Por um dos ramos a Maomé chegava, e por outro, a famílias de velho tronco judeu. Mais austríaco que castelhano, mais português que aragonês, mais borgonhês que catalão, rei "espanhol" de azuis olhos, fleumático e louro, encarnava o homem cosmopolita. Gostava de arquitetura rigidamente geométrica, como a de El Escorial, obra sua. Lentamente falava, e tão meticuloso culto rendia a etiquetas que, mocinho, lição deu a príncipe da Igreja: "Agora podeis cobrir-vos, cardeal." Senhor espanhol, inquisidor à antiga, inspetor, dia e noite passava lendo e escrevendo intérminos informes, pedante, corretor de erros e de erratas, frio, impiedoso, vingativo, severíssimo, foi o criador da polícia secreta, da espionagem em larga escala e da primeira administração orwelliana real.

Felipe perdeu a mãe aos doze anos; aos dezessete casou-se com Maria de Portugal, casamento de interesse arquitetado pelo pai para conseguir novecentas mil coroas. Felipe e Maria, no entanto, dançaram e um do outro gostaram. Quando mais enlevado estava dos prazeres de Eros, o pai, Carlos V, fê-lo despertar relembrando-lhe:

*"Essayez d'être un bon fils... et de m'obtenir autant d'argent que j'en ai demandé et même plus si possible."*

Felipe e Maria um ano de lua-de-mel viveram, até que nasceu, em 8 de julho de 1545, dois anos antes de Cervantes, o príncipe de Astúrias, o herdeiro dom Carlos. Nascimento rubricado com sangue, tragédia anunciada desde o primeiro soluço do recém-nascido, primeiro ato do conflito entre pai e filho. A graciosa bailarina portuguesa a quem tanto amou Felipe, dona Maria de Portugal, faleceu vítima do parto. Felipe II julgou que o filho, para sair do ventre da mãe, tivera de parar-lhe o coração.

Na libertina casa de Andrea Cervantes compreendeu-se que Felipe se consolasse em braços de formosa moça de velha família castelhana, dona Ana Osório. Carlos V também sofrera com a morte da segunda esposa, e também encontrou nos encantos de Bárbara Blonberg consolo e seios: a robusta cantora flamenga mitigou-lhe a dor com bela voz e generosas tetas. Boa prova deu do acordo não só noturno um bastardo, nascido dos amores: Juan da Áustria.

Estranha família real com complicadíssimo sentido matrimonial. Maria Tudor, rainha da Inglaterra, desempenhou sem saber curioso papel na cerimônia. Carlos V pensou nela para jogos de alcova e monopólio, e sobretudo para ancorar a Inglaterra no Império. Gotoso e enfermiço, porém, julgou não poder alçar à devida altura o imperial mastro. Para não perder a possibilidade da aliança anglo-imperial, decidiu fazer-se substituir pelo único rebento, Felipe, ante a prima inglesa. A irmã de Maria Tudor era a mãe de Carlos V, Catarina de Aragão, casada em segundas núpcias com Henrique VIII. Cornudo rei que proibiu comentários e murmurações em tabernas sobre seus próprios amores. O reino da Inglaterra estava então na boca de todo o mundo por causa das traições da real amante, Ana Bolena.

Dez anos separavam Felipe II, com vinte e sete, da tia-avó, e segunda esposa, Maria Tudor, de trinta e sete anos. Antes das bodas Maria advertiu a Carlos V que Felipe II não deveria acalentar ilusões, "porque não conheço o amor... nem os pensamentos voluptuosos". Surpresos com a espontânea declaração, pai e filho dedicaram toda a atenção à estratégia imperial. Maria continuou insistindo no tema da libidinosidade em copiosa correspondência. Um embaixador teve de assegurar-lhe: "Felipe não vos será importuno...; é muito formal." Por fim, apesar de sua espiritualidade, Maria pediu que o príncipe Felipe pela Inglaterra passasse para que com os próprios olhos ela o pudesse ver. Carlos V preferiu enviar-lhe retrato do filho assinado pelo Ticiano. Profundas meditações e preces prepararam Maria para o "sacrifício da virgindade". Felipe à fidelíssima Ana de Osório, após dez anos de vida amorosa, enclaustrou em convento, e zarpou em veleiro nupcial para Londres. Como de todas as mulheres gostava Felipe, nem sequer foi insensível aos parcos encantos de Maria Tudor. Os acompanhantes do príncipe e futuro rei da Espanha sem piedade a descreveram: "Baixinha, desgraciosa... e o pior, magra." Um deles perguntou-se se não era "um tanto careca", e o mais audacioso disse não apenas que era "feia" mas "malvestida". O primeiro contato de *i promissi sposi*, entre rumores, chacotas e incompreensões, terminou com latinórios. A língua de Babel entre os noivos, de línguas muito diferentes, foi a da Igreja. Maria Tudor para o amor abriu-se imediatamente, e o príncipe Felipe, segundo cronistas e *paparazzi*, "não deixou de cumprir nenhuma de suas obrigações". De amor derretida pelo louro príncipe, gorjeou a rainha exibicionista. Felipe correspondeu. "Trata a rainha da melhor maneira", escreveram os olheiros a serviço do rei, "sabe passar por cima do que nela não é agradável". Maria amou loucamente Felipe.

Nove meses depois do casamento os galenos anunciaram a gravidez de Maria Tudor. Em 30 de abril de 1555 Londres e o mundo receberam a notícia: o herdeiro tinha vindo ao mundo. Desmentiu-se dias depois a boa nova. Durante meses a rainha anunciou o parto para breve. As más-línguas primeiro murmuraram e por fim escarneceram. Os mais cultos recordaram que a inglesa era sobrinha da espanhola Joana, a Louca. Em 29 de agosto, quatro meses depois do imaginário e gorado nascimento, Maria, aos prantos, rompeu com o marido. Felipe embarcou para Flandres. Todos os dias recebeu carta da Inglaterra, até que Maria morreu de pesar "porque o senhor não viera vê-la". Os funerais celebraram-se em Bruxelas pouco antes do Natal. Ensaio do grandioso réquiem que uma semana depois se diria pela morte de Carlos V.

Com a menina Isabel de Valois, contudo, foi ele, Felipe II, o deslumbrado. O embaixador francês escreveu:

"Ouvi dizer que os fidalgos espanhóis não se atrevem a olhar para a princesa, de medo de apaixonar-se por ela, com o perigo de que o rei sinta ciúmes."

Diante das histórias principescas ou palacianas, ao rapazinho Miguel deslumbravam-no as repugnâncias: Que imagem demolir? Que carniça venerar? Que sangue pisotear? A quem vender-se?

*Escudo de armas de dom Juan da Áustria*

# 29

Recentemente declarou um alto funcionário: "Este país dedicou-se à alma desde os tempos de Cervantes e esqueceu-se do corpo"; por isso, augurando aflições, advertiu: "Estamos sofrendo e sofreremos as conseqüências." Novo assalto da controvérsia alma-corpo, que tanto engolfou escritores e pensadores do Século de Ouro.

Os amantes da sabedoria, desde que o homem raciocina, têm assinalado divergências entre alma e corpo... mas também, como Platão, a correspondência entre beleza da alma e perfeição do corpo. Idéia defendida por erasmistas de Alcalá de Henares e por romancistas de cavalaria. Feliciano de Silva não deu à luz senão cavaleiros andantes tão valentes quanto formosos. Os presépios sevilhanos da minha infância, com alindadas pastorinhas e ataviados aguadeiros, discretamente sustentavam o mesmo conceito.

Epicteto, no começo da nossa era, admoestou no *Manual* o atleta, tolhido de razão e de espiritualidade curto, incapaz de dar primazia ao espiritual: "Comportas-te, assim, como os meninos, que brincam algumas vezes de lutar, outras de competir como gladiadores... e até, às vezes, de tocar corneta."

Epicteto gostava tanto de esporte, que exclamou, saciando a sede de suas ilusões frustradas: "Queres vencer nos Jogos Olímpicos. Eu também, louvado seja Deus." Voto piedoso foi do mais coxo dos filósofos quando ainda não tinham surgido no horizonte os campeonatos mundiais de mutilados, como para inválidos aventureiros brinde.

Na adolescência ocorreu a Epicteto ser escravo de senhor brutal; tanto, que certa noite este lhe pôs instrumento de tortura na perna.

"Vais quebrá-la", sorrindo lhe advertiu. Quando o osso se partiu, o incomparável e imperturbável estóico comentou, com sangue-frio: "Não te disse que irias quebrá-la?"

Na Espanha do Século de Ouro a controvérsia corpo-alma nem sempre se dirimiu em benefício de teses espiritualistas. A Igreja Católica considerava o corpo obra divina e, portanto, merecedora de louvor, mas a um tempo o imaginava receptáculo de dor e causa de males e tentações. Havia banhos públicos mistos então, todavia, representações teatrais com nus para esporear lubricidades e deixar às apalpadelas a alma.

Escritores e pensadores, no meio do fogo cruzado entre doutrina e costumes, oscilavam: ora idealizavam o corpo, ora tachavam-no de despojo, ou ainda julgavam viver a alma desterrada no corpo, prometedor exílio com janelas de malícia.

Para os pregadores o diabólico corpo em carne se transformava. Sermões apocalípticos descreviam a luta mortal entre graça e pecado. Distorção física levada ao excesso e ilustrada pelo corpo de místicos e possessos.

O século de Cervantes não foi época de descuido corporal. Copiosas lições de higiene recebia o cidadão. Ensinavam-no a cuidar dos dentes, limpar o ouvido, dormir as horas necessárias, praticar exercícios físicos, tomar banho ou jantar. Também se indicava aos maridos o melhor momento para copular a fim de assegurar descendência sã, lúcida e feliz.

A preocupação com a salvação da alma convivia com narcíseo interesse pelo corpo. Hoje escandalizaria a convicção dos homens do Século de Ouro de que a feiúra acarretava covardia e vícios: os baixos eram considerados desprezíveis; os ruivos, traiçoeiros; os imberbes, miseráveis; os narigudos, sifilíticos; os cabeçudos, depravados. Os pecados da alma brotavam qual estigmas da feiúra física. A alma era amor... e beleza.

A Igreja dos tempos de Cervantes, ainda que consagrando toda a engenhosidade a discutir anátemas, não pôde fazer do corpo depositário exclusivo de dor e corrupção, destinado a apodrecer com doenças e morte.

Os atletas atuais, cobertos de amuletos, abracadabras, santinhos e medalhas, a entregar-se antes de cada competição a toda a sorte de símbolos cabalísticos ou religiosos, lembram os beatos da época de Cervantes.

Miguel de Cervantes, sem medalhas nem amuletos, correu sozinho, ou dançou sobre ondas em sonhos como poeta desabrochante.

CAROLVS DEI GRĀ HISPA INFANS PHILIPPI SECVNDI ANGLIÆ REGIS FLIVS

*Dom Carlos*

# 30

A adolescente francesa, asseguravam os chocalheiros, de só olhar o enteado, o príncipe Carlos, enfeitiçara-se dele, e ele dela, já no primeiro encontro na Corte espanhola. Jovens de idade próxima, viveram e conviveram debaixo do mesmo teto durante oito anos, sempre vigiados, espionados mesmo, pelo rei de Espanha. Toda Madri comentaria as peripécias da coabitação a três.

Para Miguel de Cervantes, Felipe II, qual Júpiter mitológico, fascinado ficou por sagaz mocinha. Contou Ovídio em *Metamorfoses* a história que teria podido viver o rei: brincando com as amigas, à beira-mar, a filha de Agenor, Europa, fazia não ver que venerável senhor apaixonado, Júpiter, com enlevo a contemplava.

Felipe II desejou que lhe fitasse olhos amorosos a francesinha, que tão profundos os tinha. Júpiter, pai jovial... como Felipe II, para conquistar a jovem difarçou-se de touro de campo e praia. Para rematar a sedução da francesinha, Felipe II touro bravo matou em liça castelhana.

A idéia de Júpiter de disfarçar-se de bicho de pelúcia a Cervantes pareceu tímida mas eficaz artimanha, digna do apoucado pai. As meninas prodígios gostavam de embalar animaizinhos de trapo, escondendo atrás de suposta fragilidade força de caráter. Como hoje, aliás, quando jovens campeãs disto ou daquilo percorrem o mundo "protegidas" por leões ou panteras, não necessariamente rosa, mas sempre de pelúcia.

Em verdade o venerável apaixonado de mitológica praia era algo mais que senhor, rei ou imperador, e mais que o próprio Felipe II. Exercia a profissão de deus e tinha por nome Júpiter. *Ju* por jovial e jocoso, e *piter* por pai. A encantadora antepassada de Isabel de Valois e das mulheres da família Cervantes, segundo Ovídio, era conhecida pelo cognome Europa por causa dos grandes olhos: *Eurus*, longo; *ops*, olhos.

Arrebatamento de Júpiter por Europa tantas vezes contado, pintado e analisado! Tantas como a relação da francesinha Isabel com o *pater familias* Felipe II. Paradoxalmente, mudada a sedutora em seduzida, ao cativo atribuiu-se-lhe o papel de seqüestrador. Com tal obstinação, que o incidente para a História entrou com falso título, próprio de mundo de lendas vestidas de certezas: "O rapto de Europa". Ao aterrar no aeroporto de Barajas, o passageiro de avião é recebido hoje por bolachuda Europa, "raptada" por Júpiter, e esculpida por Botero. Estátua, pequena mas bojuda, plantada em quatro ferraduras de touro-cavalo erguido, talvez, sobre vestígios enterrados do quarto onde dona Leonor Cervantes nasceu, quase meio milênio atrás, precisamente em Barajas.

Ovídio em *Metamorfoses* descreve sem pudicícia os primeiros passos... da "raptada". Cativadora de olhar profundo que, sem se acovardar, do touro Júpiter se aproximou dizendo:

Sua cor?
A de neve que pé não pisou.
Pescoço cheio de músculos,
generoso papo.
Chifres, claro está,
mas mui pequeninos;
poder-se-ia dizer que uma mão os esculpiu

mais luminosos que o diamante.
A filha de Agenor, vendo-o tão belo
e tão pouco ameaçador,
comoveu-se.

Velho atemorizado disfarçado de touro diante de moçoila decidida — uma como representação do sainete que em presença de Miguel interpretaram as irmãs com os amantes.

O que se passava entre moça e deus simbolizava também a relação que começava a dar-se entre nação e Estado. Felipe II não só se via retratado no mitológico relato; intuía o que um dia seria nação-mulher e terra-mãe. Uniriam o cidadão a ela laços de amor ancestrais, mas também de ódio.

Soberba mãe de seio virginal

*[Soberbia madre de seno virginal]*

para Bernardo López, a ouvir a aflição da pátria anos depois.

Madrasta miserável e inda bela entre
as tumbas cinza

*[Madrasta miserable y aún bella entre / las tumbas grises]*

para Cernuda, muito depois.

Masculino Estado, *Vaterland!*, demandador de serviços, obediências e impostos que impulsionam eficácias. A deleitar-se com tradições, a Nação.

Sonhava Felipe II com Estado forte, solidamente estabelecido diante dos cidadãos, em imobilidade erguido. Da latina raiz, *status*, brotavam outros rebentos: estábulo (*stabulum*: lugar onde os animais permanecem imobilizados), estátua (*statua*:

imagem dum ser humano de pé), estatuto, estatura, estação, estabelecer. Para Felipe *nação* implicava idéias de natureza, procriação e família. Miguel e os Cervantes não queriam aceitar a intromissão do Estado, posto os enfeitiçasse ou revoltasse o conceito de nação.

A dicotomia Estado-nação permanecia, contudo, subterrânea na época de Felipe II. Com as convulsões de fins do século XVIII apareceu o termo nação, que até então só existira oculta. Menos apressado, Balzac esperou o ano em que nasceu minha avó Beatriz, 1847, para forjar a palavra nacionalismo.

Felipe II, após o casamento, levou a encantadora a Toledo. Para que a Espanha inteira, como nação e como Estado, a contemplasse, organizou para ela populares festejos de dia, e secretos de noite. Os toledanos agruparam-se, obedecendo a terráqueo desejo de unir-se e indistinguir-se. Uniformização, homogeneização, globalização, traduzidas em termos cristãos por catolicismo. Costumes, pratos, viagens, idiossincrasias, revoltos e graciosamente misturados em moinhos universalistas e "católicos". Ao mesmo tempo, contudo, o planeta fragmentou-se, pulverizou-se, a partir de fraturas tribais, como se por todos os séculos dos séculos a menina de olhos grandes seduzisse o nume do Olimpo em touro transfigurado.

Desconcertante Espanha, desconcertantes nações para os Cervantes. Não se deixavam encerrar em imagem nem em discurso. Séculos depois provocariam elogios unamunianos no livro *Em torno do classicismo*, ou até ideários como o de Gavinet, com a mesma naturalidade com que assustavam o mais ocidental dos vertebrados, Ortega y Gasset.

O tímido Felipe II, o Prudente, forjou as primícias de atemorizado Estado armado de leis, espadas e fronteiras... para fazer frente.

Para abolir todas as nações, Caracala julgou descobrir a panacéia: elevou à condição de cidadãos romanos... *todos* os habitantes do Império. Não sabia o parteiro primevo do Estado mundial que nascem impérios para morrer desagregados em nações durante o correr dos séculos, como o otomano, o soviético, o inglês, o austro-húngaro e *tutti quanti*. E, até quando caprichos ou absurdos de colonizadores estrangeiros ou exploradores imperialistas traçaram fronteiras administrativas, quis o destino que em mármore as gravassem. Paradoxal norma histórica que transformou estrambóticas divisões territoriais de açodados conquistadores em fronteiras americanas ou africanas, após a independência.

Felipe II quis que cada cidadão colaborasse para a criação e manutenção do Estado. Sem embargo, no seio de cada nação, e não de cada Estado, pensava, o indivíduo cumpriria a missão coletiva. O Estado seria laje, e sob ela estariam indivíduos, palavras, melancolias, discursos e esperanças. Tentava decifrar o enigma do presente com ousadas hipóteses e repressivos preconceitos.

Paralisado pela lerdeza, o touro de Ovídio contemplava Europa como Felipe II fitava Isabel de Valois. Disfarçado de tourinho branco, e vendo tudo preto, Júpiter pensava ter perdido a partida, quando a "inocente" donzela, ante a irresolução do cornúpeto de brinquedo:

> Enfim se aproxima
> e de flores lhe cobre o focinho.

Não se sabe se foi o focinho de Felipe o que Isabel cobriu de flores, mas sim que agiu com a lucidez e a valentia das Médicis e das Cervantes.

Em Sevilha, e em Madri, Cervantes leu *As metamorfoses*. A Júpiter emocionou ver que a bela adolescente lhe pousava flores nas ventas. Disfarçado de tourinho, o timorato em água de rosas se banhou:

Para quem ama, que felicidade!
e espreitando o esperado gozo
beija-lhe as mãos
e com pena para mais tarde deixa o resto.

Não disse Ovídio o que esse "resto" podia representar, mas Júpiter adivinhou-o como deus.

Retouçando na relva verde,
deitando o largo lombo de neve
na adorada areia,
aplacado o temor, oferta o peitoral
à virgínea carícia
e os chifres às grinaldas de flores.

Semelhante primeira noite de lua-de-mel viveu Felipe II.

Júpiter, atônito, observou o atrevimento virginal da primorosa como o Cigano a María Cervantes. Escreveu Ovídio:

A jovem princesa a ousadia teve,
ignorando sobre quem o corpo pousava,
de sentar-se no lombo do touro.

O tímido deus Júpiter, como o rei de todas as Espanhas, contemplou boquiaberto a audaciosa *demoiselle* em cima dele. Morto Ovídio, e correndo lendas de boca em boca, Júpiter converteu-se, nas asas da ficção, em raptor da formosa e resoluta jovem cervantina. Carregado de tão falsa fábula e de tão deliciosa donzela, o touro foi-se entre flores:

e então dum sopro a brisa fez flutuar
mui buliçosa as pregas de sua saia

... pois a verdade só nua aparece.

Cervantes, mais que ninguém, compreendeu a audácia de moças capazes de tratar como igual o próprio imperador.

Apesar da indesejável presença de dom Carlos, Felipe viveu feliz com a adolescente francesa; juntos "comeram perdizes" e tiveram duas "meninas preciosas", Isabel e Catarina. Preferiu o rei, dado seu conceito de elegância, vestir-se sempre de negro, mas não de luto. A criação da "lenda negra" não foi suscitada pela cor das vestes, contrariamente ao que supuseram.

Chegaram os Cervantes a Madri em época de desavenças cada dia mais agudas entre Felipe e Carlos. Muitos escritos forâneos provocou o antagonismo pai-filho, mais que os infindos boatos e maledicências dos mexeriqueiros madrilenos. A Espanha naufragava, pensavam muitos, na decadência. Tratar-se-ia de sinal de que atravessava o mais esplendoroso período? Quando Atenas brilhava como centro filosófico e artístico do mundo, os pais da pátria, como titãs comoventes, advertiram convencidos aos concidadãos: "Qualquer tempo passado foi melhor." A cidade, segundo eles, decompunha-se, estava em plena decadência. Platão valeu-se de sábio dalém-mar, o sacerdote egípcio Timeu, para sermonear aos contemporâneos:

"Sólon, Sólon, vós, gregos, sois como crianças!"

Melancólico desdém por seu século e lugar, desdém compartilhado por Confúcio. Mesclando resignação e desencanto, contemplava desiludido a decadente sociedade chinesa. Decrépito país, exilado da passada grandeza. O homem é deus quando sonha, titã melancólico quando discorre orientado por pessimismo ou patriotismo às avessas. Século de Ouro espanhol, em que outro "ministro", Quevedo, não satisfeito de conviver com Góngora, Calderón, Lope, Tirso ou Gracián, e durante trinta e seis anos com Cervantes, foi capaz de queixar-se de bela maneira:

Olhei os muros desta pátria minha,
se um tempo fortes, já desmoronados
[...]
não achei coisa em que pousar os olhos
que não fosse recordação da morte.

*[Miré los muros de la patria mía / si un tiempo fuertes ya desmoronados / [...] / y no hallé cosa en qué poner los ojos / que no fuese recuerdo de la muerte.]*

Cruzando os Pireneus e os séculos, a nostalgia de Quevedo persiste: todos os dias multidões de viajantes passam apressadamente diante do monumento de relógios parisiense chamado, como o livro do escritor, *A hora de todos*. Torrinha erguida em pátio de antigo "hospital de incuráveis", transformado em passadouro de viajantes sem bagagem: estação de Saint-Lazare. Em torno de muralhas de morta cidade uivam iconoclastas, mas também patrioteiros. *A hora de todos* foi em verdade fantasia moral de Quevedo. Sátira e relato de venais aguazis, incapazes médicos e malvados virtuosos que repletam o mundo.

A Sêneca, outro "ministro", o mais alto da administração pública graças a mimos e presentes do imperador Nero, seu senhor e discípulo, não bastava ser contemporâneo de Ovídio, Horácio, Plínio, o Velho, Fedro, Lucano ou Tito Lívio. Em cartas a Lucílio demonstrou esplendoroso *spleen* por Roma e seu século. Enternecedora litania, tão similar à recitada por pessimistas coetâneos de Cervantes. Antologia de queixas que teria podido e devido concluir com as últimas palavras do imperador romano, precisamente recolhidas por Sêneca na tão pândega *Apoteocabaça do divino Cláudio*:

"Ah! pobre de mim, acho que me enlameei.

Em latim Sêneca escreveu:

"Vae me, puto, concacavi me."

Altaneira forma de patriotismo por via de denegrimento do próprio país e contemporâneos. Luxo de que abusam afortunados a que coube nascer em país dominante ou dominador. O nascido em país atrasado sempre sentiu vergonha alheia ao ouvir o aborígine de país adiantado recitar-lhe o hino dos patrioteiros desiludidos.

Os Cervantes pensavam, com Cícero: "Onde estão meus colhões está minha pátria."

# 31

Às gargalhadas não riu Rodrigo Cervantes das extravagâncias do jovem Carlos, herdeiro e candidato a portar na louca cabecinha a coroa de Espanha.

Mexericos, murmúrios e cochichos esvoaçavam da Corte do reino para chegar primeiro a Madri e depois ao *mundo civilizado*. Chuva de notícias que a todos ensopava.

Dom Carlos cometia disparates e despropósitos ou adornava-se de extravagâncias. Doido de pedra para uns, e para outros louco de amor pela madrasta, a quem pretendia deslumbrar com ocorrências, originalidades e bizarrias. Para os mais leais ao rei o filho deste, agressivo e incapaz de controlar a desenfreada ambição, era muito perigoso. Repetiam a história de que Carlos pretendia proclamar-se rei de Espanha sem aguar-

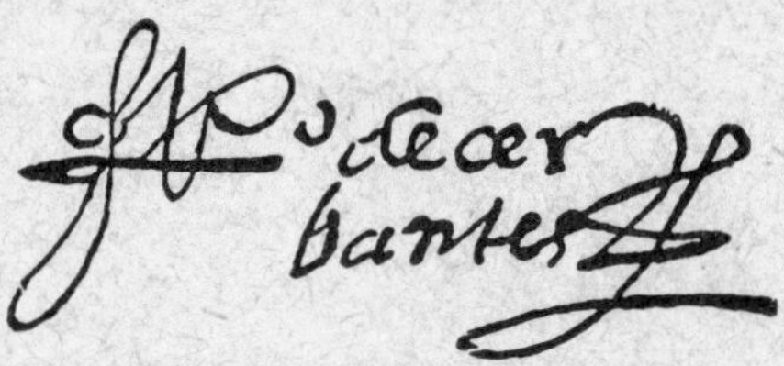

*Assinatura de Rodrigo de Cervantes, irmão de Miguel, Madri, 10 de setembro de 1585*

dar o falecimento do soberano. Alguns insinuavam que planejava livrar-se do próprio pai, matando-o.

Para Lucien Jéraphagnon, em *Julien dit l'apostat*, quando se sobrevoa a história, "vê-se um como jogo de xadrez". Não se referia o historiador às peripécias suscitadas pelo conflito entre Felipe II e o filho, e sim aos incidentes e litígios sangrentos provocados pelo mecanismo de sucessão política inventado no século III. Criou Diocleciano a tetrarquia, achado político a cuja originalidade só sua irracionalidade ultrapassou. Era ela composta por dois *augustos*, nem sempre circenses, e dois acólitos à categoria de *césares* elevados. Cada vinte anos os *augustos* teriam devido, por iniciativa própria, retirar-se do poder, ao passo que os dois *césares* à categoria de *augustos* ascenderiam.

O estudo dessa enteléquia fascinou dom Carlos, e não apenas pela abundância de rompimentos, traições, batalhas e ciladas que causou. Geringonça sanguinolenta e crudelíssima encerrada em 312 — vinte e sete anos depois de criada — por Constantino *manu militari* ao fazer-se poder absoluto. Uma das inovações de Diocleciano foi que os *augustos* indicavam os próprios *césares*. Teria desejado Carlos que Felipe césar o nomeasse. Muitos séculos depois esse simpático modo de sucessão ainda vigora no México. O presidente nomeia o sucessor, mas, qual um Felipe II segredista, o nome só revela na última hora. Os mais irreverentes jocosamente alcunham o sucessor tirado da manga de *el tapado* (o encoberto). No tabuleiro espanhol o rei negou-se, "por espírito de sacrifício!" aposentar. Tampouco concordou com nomear *tapado* o filho, ainda que na época a Espanha, com Ruy López, fosse a primeira potência enxadrística do mundo civilizado, com campeões capazes de jogar *de olhos vendados*.

Os cortesãos perguntavam-se se Carlos estava louco ou apaixonado ou era parricida em potencial. Os Cervantes desculpavam o que famílias conformistas e beatas escandalizadas, assus-

*Dom Carlos com a idade de doze anos*

tadas ou desgostosas condenavam. Dom Carlos forçou certo sapateiro a comer um par de botas, feito sob medida, mas não à medida de seu agrado; o artesão teve de cozê-las, temperar qual salada e depois engolir. O príncipe cortava a cabeça das cobras duma mordida, como no filme *Viva a morte*, ou engolia pérolas e diamantes para forçar damas de palácio a resgatá-las nos urinóis.

Para a sedutora Isabel de Valois o enteado, dom Carlos, era

jovem apaixonado da mesma idade, pálido, tímido e balbuciante; fitava nela os imensos olhos claros, e a rainha de Espanha respondia à intensidade febril do príncipe com afetuosa condescendência. Não acreditava no que dele diziam, ou então mitigava os mexericos com interpretações favoráveis. Chegou aos ouvidos da rainha que o príncipe morbidamente açoitava moçoilas, a quem durante o tormento chamava "Isabel". Assim como chamava "Isabel" as cortesãs que nos corredores de El Escorial de olhos fechados beijava; ao abri-los, tachava-as de imundas rameiras. Nietzsche diria séculos depois:

"A mulher perfeita é um tipo humano mais perfeito que o homem perfeito... porém mais raro."

Nietzsche, apaixonado como o príncipe Carlos, encarregou o amigo Paul Rée de entregar à encantadora Lou Salomé uma carta. Pediu a mão de Lou com estas palavras:

"Pois desde logo não poderá tratar-se entre nós de união livre."

Salomé, ante o perigo que oferecia homem tão original, inventou mentira cômoda:

"Combinamos com Rée que eu nunca recebera a carta."

Semanas antes, no lago de Horta, os dois amigos, transformados em príncipe Carlos e Felipe II, puxaram qual burros amansados uma charrete que não levava Isabel de Valois, falecida três séculos antes, mas a inteligente e encantadora Lou Salomé. Ambos látego na mão levavam. Apesar da exemplaridade da cena, costuma-se interpretar mal a frase masoquista de Nietzsche:

"Quando fores ter com as mulheres, leva um chicote."

Chicote que Nietzsche e Rée teriam desejado que Lou usasse para açoitá-los. Isabel de Valois não precisou, como boa Médicis, de instrumento algum para dobrar a ambos os apaixonados, Felipe e Carlos, e dar-lhes o xeque-mate.

Carlos teve período surrealista e, qual Dalí, dilapidou fortuna. Se o pintor de Figueras vendeu duros por quatro pesetas e, por fim, pesetas por *perra gorda*, para ficar sem patrimônio, Carlos distribuiu jóias e dinheiro com transbordante generosidade entre os serviçais.

Para Felipe II o filho era ameaça pública; para seus conselheiros, escândalo; para a Coroa, e para seu confessor, o mais encarniçado inimigo do rei.

Dom Carlos, toldado, esgrimiu punhal contra o presidente do Conselho do Reino, o cardeal Espinosa. Alvoroço sabido e apreciado em casa dos Cervantes.

Dias depois, aos quartos da "pensão" de Andrea Cervantes chegou a notícia de que dom Carlos, no meio de serena conversa com o tesoureiro do reino, Juan de Lobón, súbito o atacou e jogou pela janela. Riram-se os clientes em torno de Andrea Cervantes; o rei de Espanha, a algumas léguas deles, interpretou como ameaça o gesto: "Quer defenestrar-me a mim." Dom Carlos queria apenas que Isabel de Valois lhe prestasse atenção.

A rainha de Espanha fascinava dom Carlos pela excepcionalidade, segundo sua opinião, da beleza. O extraordinário sempre exigiu imolações e sacrifícios, do Pequeno Polegar a Barba Azul. Anos antes que essas joinhas escrevesse Perrault, dom Carlos compreendera que o que nos assombra provoca mágoa, e o que surpreende, desconfiança. Mui especialmente quando o pasmoso é perfeito ou belo. Dom Carlos teria podido prever que a cigana espanhola mais bela receberia o epíteto *la Contrahecha* [malfeita, deforme]. Pois grande beleza, por excepcional, é... deformidade. Conformismo da época ante o originalíssimo proceder de dom Carlos, que incitava os cidadãos castelhanos a proteger-se de todo o atentado à rasoura da vulgaridade.

Em palácio dom Carlos atiçou, inconsciente, tendências conservadoras e foi insultado. Declarações lúcidas, despidas de hipocrisia e tachadas de fanfarronadas:

"Está fazendo continuamente a própria hagiografia alguém que nada merece."

Ao pé das muralhas da cidade morta espreitava, como sempre, o velho afinco humano de pisotear a beleza... que só deformidade pode ser.

A maioria dos embaixadores julgavam dom Carlos monstruoso, preguiçoso ou violento. A minoria achavam-no generoso ou imaginativo.

Muito agradou sempre aos Cervantes, especialmente Miguel, a admiração de dom Carlos pelo avô Carlos V, mesclada ao desprezo pelo próprio pai. O príncipe encarnar queria, como o avô, justiça, soberba, ostentação e arrojo. O pai era hipócrita, tortuoso, fingido... indigno reizinho de Espanha.

Pensava Carlos com Mallarmé *qu'un coup de dés* jamais aboliria o acaso. Preferiam os cortesãos crer, como os relativistas do século XX, que "Deus não lança os dados". Carlos, porém, apostava em deus superior a Júpiter ou Zeus: o destino. O acaso fixa de forma inalterável, segundo ele, o curso dos acontecimentos... até os duma partida de xadrez. Séculos depois o primeiro campeão oficial de xadrez do mundo, Steinitz, jogava xadrez, nas calçadas de Nova York, com Deus. Mas por amor a Ele um cavalo Lhe dava.

Dom Carlos sentia-se, como Nietzsche, falso deus: "Alegraivos, sou Deus... Pus esse disfarce." Não sabia se era mais temerário crer n'Ele ou pretender sê-Lo. Os homens de ciência começavam já a afirmar, como Laplace proclamaria séculos depois, que nada é fortuito, tudo é previsível. Nada obstante, o mais cartesiano de todos, o próprio Descartes, jogou para ganhar o dinheiro de que precisava. Dominava o destino: "Para ter sorte, é preciso acreditar nisso." Sorte de que nunca se beneficiou o anticonformista príncipe. Escreveu livro dom Carlos considerado primeiro opúsculo "surrealista" da História. Maliciosamente o intitulou *As grandes e admiráveis viagens do rei Felipe II*. Em uma página figurava o itinerário do avô (espantoso périplo salpicado de campos de batalha, cujos limites eram os da Europa cristã); viagens da Itália à Alemanha, de Flandres à Argélia, dos Países Baixos a Portugal. Ante a exuberância peregrina do avô, o príncipe assinalou a vida caseira do pai, escrevendo na primeira página do livro:

"De Madri ao Pardo, do Pardo ao Escorial, do Escorial ao Pardo, do Pardo a Madri, de Madri ao Escorial, do Escorial a Aranjuez, de Aranjuez a Segóvia, de Segóvia a Madri..."

e deixando em branco as demais páginas.

Em outro de seus "livros" figurava tão-somente a lista dos amigos e a dos inimigos, encabeçada esta pelo "rei, meu pai", e aquela pela "rainha Isabel, que sempre foi muito boa".

Dom Carlos, venerando a liberdade livre, obstinava-se em fazer todo o proibido. Saboreou a loucura, seus desastres e êxtases, mas esperou com gula o amor.

# 32

Miguel de Cervantes e dom Carlos receberam educação filosófica semelhante; estudaram, entre outros, os sete sábios da Grécia. Surpreendeu a Miguel que só quatro dos sete sejam indiscutíveis, Bias, Pítaco, Sólon e Tales, ao passo que os dezoito restantes ascendem à "sabedoria" segundo humor ou capricho de historiador. Teve presente Cervantes por toda a vida a lição de Pítaco: "Suporta o ser importunado pelo vizinho", mas sobretudo a divisa de outro sábio (conquanto reservista), Quílon de Esparta: "Conhece-te a ti mesmo". De cócoras e ao rés-do-chão, o mais tímido dos sábios, Bias, escreveu, após muito fazer-se rogar, em Delfos, perto do oráculo de Apolo, a máxima que mais influenciou Carlos: "A maioria dos homens é má." A maioria dos cortesãos era para ele pior que má — cúmplice do pai.

Em 1567 Cervantes fez vinte anos, e no período natalino Felipe II inaugurou com grande pompa El Escorial. Aproveitando-se da agitação, dom Carlos decidiu dar "golpe de Estado" e nomear-se rei de Espanha em Flandres com a ajuda do "meu mui querido e amado tio dom Juan da Áustria". Ao meio irmão do rei prometeu dom Carlos o reino de Milão e o de Nápoles, hábil estratagema frustrado pela rede de espiões e beleguins tecida em torno dele por Felipe II. Intenções e sonhos de grandeza desnudados quando dom Carlos pensava dominar pela primeira vez o fado. Teriam podido interessar ao príncipe as relações entre acaso e determinação segundo cientistas de hoje: a grande unificação! Se para René Thom formular leis é a natureza da ciência, todo o estudo científico termina em deterministas formulações. Carlos pensava que o livre-arbítrio é ilusório; Deus não só decide a quem salva como a quem dá e quando o talento ou a sorte para ganhar partida de xadrez, batalha ou... "golpe de Estado". Mais de três séculos depois, atormentado pelas recordações da guerra de trincheiras de 14, o pai de Thom disse ao filho: "Seja artilheiro, e estará menos exposto que na infantaria." Sem embargo, como para ser artilheiro em 1939 era preciso estudar matemática, René Thom chegou a ser teórico matemático e, por fim, criador da teoria das catástrofes.

Catastrófico foi o "golpe de Estado". Miguel de Cervantes teria preferido a vitória de dom Carlos. Felipe II, irresoluto e indeciso, era-lhe a reencarnação do próprio pai, o senhor Rodrigo. Miguel, invertendo a sexualidade e imitando as mulheres que o rodeavam, teria preferido transformar-se, como elas, em heroína. Cervantes descreveu com raiva os "heróis" masculinos. Nacor, em *O galhardo espanhol*, confessa-se, como Felipe II, indeciso ante a rebelião do filho:

> [...]
> sou homem tão pouco testo
> que não há coelho acossado
> mais covarde nem mais presto.
> Uma prova do que digo
> é o ver aqui o inimigo
> dormir sem ousar tocá-lo
> mas desejando matá-lo
> por vingança e por castigo.
> E morro porque não mato,
> ouso e tremo em um instante.

*[(...) / soy de tan bajo supuesto / que no hay conejo acosado / más cobarde ni más presto. / De esto será buen testigo / al ver aquí mi enemigo / dormido y no osar tocarle / deseando de matarle / por venganza y por castigo. / Muérome porque no mato, / oso y tiemblo en un instante.]*

O conflito entre pai e filho lembrou aos Cervantes a contenda entre Antonio López e o rei. Vacilações, ardis e surdas manobras dum Felipe II mais *prudente* que nunca, a tecer a própria perdição, mas sobretudo a do filho.

Lacan não estudou esse exemplar confronto pai-filho, que alguns consideram freudiano. Interessou-se por caso similar, que teve por protagonista a família Daudet; o autor de *Tartarin* e de *Cartas do meu moinho* era escritor de tendências esquerdistas. O filho, Léon Daudet, respeitando o chamado conflito de gerações, criou com Charles Maurras o grupo de extrema direita Action Française, para fazer de nacionalismo e catolicismo "garantias da ordem". Philippe Daudet, neto de Alphonse, filho de Léon e membro do movimento anarquista, convencer tentou os camaradas a assassinar o mais "reacionário conservador": o próprio pai. Mas, como os libertários se negaram a participar do parricídio, Philippe Daudet suicidou-se. Para a felicidade de Lacan, entrou em cena — a do teatro Saint-George, em Paris —, faca de cozinha na mão, Marguerite Pantain, com a intenção de matar a célebre atriz Huguette Duflos. Anunciado crime (ao príncipe de Gales, entre outras pessoas), e frustrado; com ele tentava vingar-se do assassínio do filho Didier, segundo ela, "pela polícia secreta soviética... como Philippe Daudet". Dois meses depois Lacan diagnosticou: "Marguerite é psicopata paranóica em estado 'orinóide', com impulsos polimorfos, e seus escritos são panfletários e oníricos." Assim nasceu o lacanismo, como teria podido nascer em Madri quatrocentos anos antes.

Felipe II, sabedor da iminente traição do filho, pediu em 15 de janeiro de 1568 que por ele se rezasse em igrejas e mosteiros madrilenos, para que o Altíssimo o inspirasse. Anunciou com isso *urbi et orbe* o irreparável cisma, a "do Herdeiro perfídia".

Orações e novenas a conspiração do príncipe não detiveram. Em 17 o rei pediu conselho ao jurisconsulto Martín de Azpilcueta, bem como a Gallo e a Melchor Cano, ambos teólogos, com a esperança de que tomassem iniciativas que ele próprio não ousaria. No dia seguinte, 18, outros conselheiros, Ruy Gómez, Antonio de Toledo, o duque de Feria e Luis Quixada, instaram-no a prender o filho: "Nisso reside o futuro do reino." Para Felipe II tomar decisão definitiva foi tão difícil como para o poeta japonês Tisa escrever um *haiku*. "Condenar à morte" o próprio filho era jogo verbal, tão ambíguo e requintado como o de governar. O rei de Espanha, quando criança, a cavaleiro entre espanhol e borgonhês, francês e alemão, intuíra o processo do uso das palavras, graças ao qual acabara por aprender os idiomas do império. Segundo Ludwig Wittgenstein, tal processo é constituído durante a infância "pela linguagem e pelas ações que a tecem". Cervantes lançou-se a ele com tanta genialidade, que gago se tornou. Jogo de linguagem sutil mas aparentemente simples, eficaz mas ingênuo. Aprendidas tarde as regras do jogo, cometer-se-ão erros em que a língua materna não incorre. O homem capaz é, pensou Felipe II, de reproduzir, graças à mimética faculdade, as regras do jogo. Desconsolado e efusivo imaginava-se o rei de Espanha sentado consigo mesmo e a jogar sem pressa a própria existência. Alfred de Musset escolheu o título *On ne badine pas avec l'amour*... pois viver e amar é sutil e complicado jogo. Para Felipe II, menos complicado que o jogo de matar. Simone de Beauvoir no livro *Por uma moral da ambigüidade* (... e não da ingenuidade) afirmou, otimista:

"O próprio de toda a moral é considerar a vida humana um jogo que se pode ganhar ou perder e ensinar ao homem o meio de ganhá-lo."

No tempo de Felipe II, o poeta Régnier antecipadamente respondeu à escritora francesa:

"O mundo é um carnaval onde tudo se confunde; quem pensa ganhar é amiúde quem perde."

E todavia nem Carlos nem Felipe jogaram perde-ganha, divertido passatempo da Corte. Preferiram interpretar a partida evitando suas próprias idéias.

Na noite de 18, "sem que ninguém soubesse", as mais altas personalidades do reino dom Carlos prenderam. O rei, com capacete de circunstâncias, de guerreiro e valente maldisfarçou-se. Seus acompanhantes, até os dentes armados, portando arcabuzes e espadas, sigilosamente entraram no quarto de dom Carlos. O príncipe sobressaltado acordou. Brevíssima peça trágica com diálogo conciso:

Príncipe. — Que está acontecendo?

Rei. — O Conselho de Estado está aqui.

Príncipe. — Que quer de mim Vossa Majestade?

Rei. — Já o vereis.

O rei não se atreveu a informar-lhe a sentença. Gaguejou, sem ousar traduzir em palavras o que fora com os conselheiros decidido. Tampouco se atreveu a anunciar ao filho que iam lacrar portas e janelas e trancá-lo no quarto, transformado em cela carcerária. O diálogo prosseguiu:

Príncipe. — Mate-me Vossa Majestade e não me prenda, porque é grão escândalo para o reino. Se não, matar-me-ei.

Rei. — Fazê-lo seria coisa de louco.

Príncipe. — Não o farei como louco, mas como desesperado.

Assustado pelo que diriam, o rei evitar o escândalo queria. Tomadas todas as precauções para que ninguém visse o filho ou com ele falasse, ordenou que nem sequer sacerdote o visitasse. Compreendeu Carlos que seus dias estavam contados, embora, como Júlio César, não soubesse sonhos nem augúrios interpretar. Suetônio contou que, na noite que ao cesaricídio precedeu, César tivera uma série de sonhos estranhos. Em um deles voava, e em outro estava cumprimentando Júpiter com aperto de mãos. Os romanos sabiam que à morte costumam preceder oníricas apoteoses. Sonhos semelhantes teve Carlos. A mulher de César, Calpúrnia, adormecida ao lado do marido, viu em sonho o pináculo da casa ruir e a si mesma recolher nos braços o corpo de César de sangue coberto. Magnicídio ocorrido durante os *idos de março* do ano 710 depois da fundação de Roma, ou seja, em 15 de março de 44 antes de J.C. Os conspiradores tinham previsto expor o cadáver de Júlio César em gancho de açougueiro pendurado, mas por falta de jeito e precipitação malograram o intento: após vinte e três punhaladas assestar-lhe, saíram precipitadamente da cúria de Pompeu, espavoridos. Houve que esperar dois mil anos para que se cumprisse o plano dos cesaricidas. Assassinado Mussolini, pendurado foi em gancho de açougueiro. O augúrio mais nefasto teriam devido interpretar Júlio César e seus assassinos: os cavalos consagrados ao deus do Rubicão, após rejeitar comida por muitos dias, choraram sem parar na noite que antecedeu ao assassínio.

Chorando passou a noite a rainha Isabel; Juan da Áustria preferiu trajar luto. Os Cervantes souberam do sucedido não entre as paredes do palácio, e no entanto nenhum correio fora autorizado a sair da Corte.

Dom Carlos na cela morreu. A história não elucidou se deu cabo do filho com as próprias mãos Felipe II. Deu o príncipe o último suspiro em clandestina cela sem socorro "espiritual". O mundo conheceu, graças à caixa de ressonância criada por Felipe II com suas tenebrosas cautelas, o trágico desenlace. Os viajantes de *Simbad, o marujo* desembarcam em desconhecida ilha de fontes, plantas e árvores paradisíacas. Sentem-se tão felizes!... Até que percebem que a ilha é em verdade dorso de monstruoso peixe prestes a engolfar-se no abismo do mar. Pânico semelhante ao dos viajantes assaltou Felipe II após o infanticídio. Os mesmos neurônios participam do brotar de novas idéias e controlam o desencadear de sonhos e pesadelos. Pesadelos, súbitos cataclismos, inesperados avernos maldisfarçados de edens eram obra, pensou o rei, de demônios e malignos espíritos. Os egípcios chamavam subalternos do caos aos espíritos conhecidos no Ocidente por diabos. Feliz Egito, distante da Espanha católica, apostólica e romana, oriental civilização impermeável ao princípio do bem e do mal, na qual a criação era apenas frágil instante no coração do caos. Os diabos apareceram até na santa cidade muçulmana de Mina: os peregrinos deviam armar-se de cinqüenta pedras, para com elas lapidar a imagem de Satanás. Felipe II teria querido dispor das cinqüenta pedras ou que Deus tivesse jogado a seu favor na partida com o filho. O xeque-mate do rei de Espanha na partida de perde-ganha com o filho reforçou a ambigüidade de Cervantes.

Dom Carlos foi espírito do ar prodigiosamente esquizofrênico. O pai pôde prendê-lo, mas não submetê-lo. Pouco antes da trágica morte temeu que o progenitor lhe extraísse a pedra da loucura atravessando-lhe a cabeça com verruma. Que perfeito bruxo!

*O príncipe Carlos (desenho de Villegas)*

# 33

Miguel de Cervantes, sabedor do infanticídio, manifestou constante antipatia por Felipe II. Dedicou-lhe versos sibilinos e desdenhosos, ao passo que o pai lhe brindava elogios e ditirambos:

"Invictíssimo Carlos V, grão imperador Carlos V, louvado Carlos V, filho do raio da guerra, de feliz memória, majestade do césar Carlos V:

Se eu visse um Aníbal cartaginês encerrado em eremitério como via um Carlos V encerrado em mosteiro, surpreender-me-ia e admiraria."

Cervantes aprovou a reivindicação da coroa feita por Carlos V após abdicar. Pouco antes de falecer, escreveu:

"A gloriosa morte de Carlos V, rei de Espanha e imperador romano... filho do raio espantoso da guerra."

Raras vezes Cervantes cita Felipe II, e costuma chamá-lo Filipo. No dia da real morte se entrega à troça de escrever soneto, ainda que não ao rei morto, e sim ao túmulo, ao cenotáfio, ao montículo artificial que lhe cobre a sepultura. Começa chistoso e reprovador:

Voto a Deus que me espanta essa grandeza
e que desse um dobrão por defini-la
porque a quem não surpreende e maravilha
essa máquina insigne, essa riqueza?

*[Voto a Dios que me espanta esta grandeza / y que diera un doblón por describilla / porque ?a quién no sorprende y maravilla / esta máquina insigne, esta riqueza?]*

As contradições inspiraram Cervantes, esteando-lhe a ambigüidade — "De uma contradição tudo se pode deduzir". Aplicando tal evidência oculta sob a folhagem do conformismo, Alain Irving descobriu o "inviolável" código cifrado nazista, "Enigma", na última guerra. Contradições cervantinas de enriquecedora ambigüidade literária. Irving desconcertou companheiros e colegas do Cambridge King's College, assim como Cervantes aos seus em Madri. Irving acorrentava xícaras de café ao radiador, e no inverno, quando gripado, punha máscara de gás. O humor levava-o a rir das próprias debilidades e, mais, a procurá-las. Cervantino humor, base da criação do primeiro *computador* do mundo. Pensou Irving com cervantina ambigüidade que calcular só pode o homem com a mais sofisticada máquina. A capacidade de cálculo do mais poderoso engenho informático comporta-se como cérebro de morcego, que se vale de ultra-sons para orientar-se. Roseiras ou gerânios capazes são de urdir estratagemas refinadíssimos para crescer com mais vigor ou para receber mais luz. Como se no meio da necessidade aparecessem humor e realidade como imagens inconscientes da felicidade perdida.

Cervantes tratou impertinentemente em versos o rei de Espanha no dia da real morte:

Apostarei que o ânimo do morto
por gozar esse sítio hoje deixou
a glória donde vive eternamente
[...]
por Jesus Cristo vivo, cada peça
vale mais de um milhão
e é prejuízo
que isso não dure um século,
ó grã Sevilha.

*[Apostaré que el ánima del muerto / por gozar este sitio hoy ha dejado / la gloria donde vive eternamente / (...) / por Jesucristo vivo, cada pieza / vale más de un millón / y que es mancilla / que esto no dure un siglo / oh gran Sevilla.]*

Ao monarca falecido, Cervantes, como do alto de protocolos reverenciosos, chama-o "o morto". Ofuscado por tanta riqueza em velório de réquiem, apareceu um "valentão". Após ouvir o que "o soldado" (Cervantes) disse, dá-lhe razão e vai-se embora de modo desrespeitoso para com tão soberano cadáver:

e logo incontinente
enfiou o chapéu,
requereu a espada,
olhou de soslaio,
foi-se e houve nada.

*(y luego incontinente / caló el chapeo, / requirió la espada, / miró al soslayo, / fuese y no hubo nada.]*

*Houve nada* porque, ainda que envolto em mortalha bordada de ouro, morto é sempre morto. Para maior ironia Cervantes escreveu, momentos antes de morrer, em 1614, que esse soneto "é honra principal de seus escritos". Mortal honra e vivíssima pilhéria.

O tempo, pensava já o novel poeta Miguel, é faceto bufão; por isso cada coisa tem sua hora.

# 34

A pensão dos Cervantes em Madri transformou-se em acolhedor albergue para italianos de bom berço. O pai, senhor Rodrigo, aproveitou a circunstância para barba e bolsa rapar-lhes, enquanto as filhas os consolavam. Aos que padeciam de doença ou dolência, mitigavam-lhes os males, especialistas, com mãos brincalhonas.

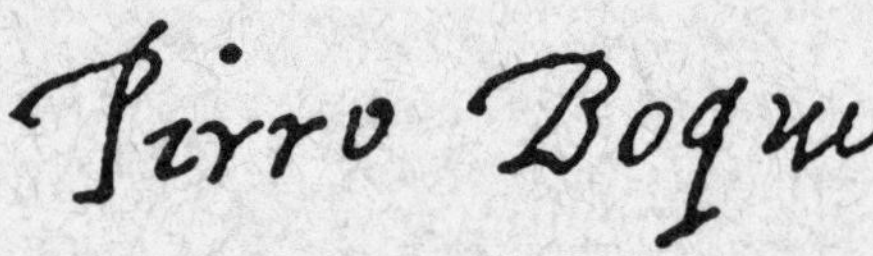

*21 de janeiro de 1568: Pirro Boqui, hóspede da "pensão" dos Cervantes em Madri*

*22 de dezembro de 1569: Francesco Musaqui, hóspede da "pensão" dos Cervantes em Madri*

À casa dos Cervantes chegaram, entre outros clientes, Pirro Boqui, Francesco Musaqui e Francesco Locarelo, todos italianos. O senhor Francesco Locarelo, homem de negócios e gentilhomem, tão gentil era que percorreu com Andrea regiões do mapa da ternura, espaços situados entre picos pardos e dunas platônicas. Andrea teve com Locarelo longas "conversas amorosas". O italiano entregou o corpo à destreza e alegria da massagista brilhante e improvisada enfermeira.

Como consoladora foi tão sagaz Andrea, e com tal mimo tratou o italiano, que, quando o senhor Francesco Locarelo voltou para a terra natal, firmou *doação*. Recebeu Andrea, como a tia, habitação ricamente mobiliada, com toda a espécie de luxo e adornos de ouro, além de trezentos "escudos de ouro em ouro". Constavam da doação dois braseiros, almofadas de veludo verde, bufetes de nogueira, lençóis de Ruão, tecidos de Flandres, mantos de Burato de seda, coifas de ouro e prata, gibão de tecido de prata, saia de cetim preto, vasquinha de veludo preto, travesseiro de Holanda, capote de bombazina de mescla, escrivaninha com assento, seis toalhas "à alemã" etc. Ao assinar o generoso presente, o senhor Francesco Locarelo, desconfiado, desprezou a família. Os irmãos e o pai de Andrea apareceram na doação pouco menos que como alcoviteiros:

"Que nisso [a doação] nem seus pais nem seus irmãos tenham nem hajam coisa alguma [...] que se os ditos seu pai ou irmãos [...] se meterem a tomá-lhos [...] esta doação fique ou seja nenhuma ou de nenhum valor e efeito."

Apesar de tudo Miguel desgraçadamente, anos depois, a empenhar se viu obrigado sete peças de tafetá amarelo ou vermelho. Eram parte da prenda ganha pela irmã, se não com o suor da testa, ao menos com complacências e carícias.

Francisco Navarro y Ledesma, crítico cervantista, afirmou que a fabulosa *doação* teve por motivo "o encanto misterioso e a inefável atração de Dona Andrea". Mais claramente, Pérez Pastor asseverou que a doação não se fez *propter nuptias*, e sim em nome das núpcias.

O italiano, agradecido pela "conversa amorosa de Andrea", e para que ninguém se escandalizasse com a abundância de obséquios de velho estrangeiro a mocinha de linda aparência, declarou diante do juiz:

"Sou muito agradecido e muito devo a Dona Andrea de Cervantes. [...] Estando eu ausente de minha natural terra, afagou-me e curou algumas doenças [...] e fez por mim outras coisas que tenho obrigação de pagar e gratificar e outras muitas boas obras que dela recebi."

Andrea comportou-se como heroína cervantina; Pórcia, n'*O laribinto de amor*, diz a Júlia:

> É que ao fio da razão
> não importa que te atenhas,
> todo o toque está em que tenhas
> um galhardo coração
> não para entrar em pelejas,
> que nelas não é bem te ponhas,
> mas para que te disponhas
> a alcançar o que desejas
> custe-te o que te custar.

*[El hilo de la razón / no hace al caso que prevengas, / todo el toque está en que tengas / un gallardo corazón / no para entrar en peleas, / que en ellas no es bien te pongas, / sino con que te dispongas / a alcanzar lo que deseas / cuéstete lo que te costare.]*

Andrea, com *galhardo coração* e sem entrar *em pelejas*, recebeu o que desejava sem *custar-lhe* muito mais que algumas massagens mais ou menos terapêuticas a italiano excursionista de passagem por Madri.

Graças aos trezentos *escudos de ouro em ouro* a família viu o futuro sem os sobressaltos e aflições habituais.

Qual pássaro em liberdade, Cervantes vagabundeava de punhos nos bolsos e seduzia as virgens loucas do gineceu.

# 35

Cervantes, estudante atrasado e aprendiz de poeta, em Madri, aos vinte anos, fazia ainda estudos próprios de rapaz de quinze ou dezesseis anos. O professor, que muito o amou, contribuiu com outros homens para a formação do seu saber e da sua sexualidade. O *Estudio* de Madri, centro docente que freqüentou, era escola de humanidades, gramática e preparação para a universidade. De março de 67 a agosto de 69 Miguel de Cervantes assistiu à Aula dos Maiores, também chamada Aula de Arte Poética, em que com os companheiros traduziu os clássicos.

O diretor do *Estudio*, López de Hoyos, o cargo alcançara em 4 de fevereiro de 68. Ganhava nada mais nada menos que trinta mil maravedis e um caiz de trigo. Com eles não faltava pão ao erasmista professor nem amor por seus rapazes. Entrou para a História por ter escrito o primeiro, conquanto parco, elogio a Cervantes.

Estuda também o jovem Miguel o pensamento do século XII. Contam-lhe os professores que o filósofo muçulmano Averróis, nascido em Córdoba como o filósofo judeu Maimônides, ainda que doze anos antes, a visita recebeu do califa Abu ia'Cub.

"Que opinião mereceu dos filósofos o céu? Julgaram-no eterno ou fruto da criação?"

Confuso e assustado, Averróis esquivou-se da questão. O

califa recordou-lhe tanto a doutrina de Platão como a de Aristóteles. Dias depois, para do susto consolá-lo, presenteou-o com "uma magnífica peliça de honra e uma cavalgadura". Perguntas mais difíceis ao professor fazia Cervantes, sem ser califa, ou seja, *comandante dos crentes*: "Como se escreve um poema?" "Que sou?"

Heidegger no capítulo "A questão do ser", do livro *O ser e o tempo*, a evidência recorda: "A questão do ser caiu no esquecimento." E todavia Aristóteles pensou que a universalidade do ser não é a do gênero. Razão teve Miguel de interrogar-se sobre o *ser*. Ainda que *ser* evidente pareça. Um leitor de Cervantes, Schiller, meditou o ser com menos clarividência que ao tempo: "O que se tira a um minuto, nenhuma eternidade poderá restituí-lo." Cervantes, sem ganhar peliça de honra nem montar cavalo, compreendeu que o ato de *ser* é indiferente ao *ser*. Indeterminação, ambigüidade por ele chamada.

Juan López de Hoyos, delicado mestre, cumulou de sensibilidade a de Cervantes. Amou a Cervantes; com tanto carinho e mimo o tratou, que celebrou-lhe os primeiros versos, de circunstância. Majestoso mentor amante duma única mulher: a mãe. Com ela viveu até a morte. Nenhuma outra entrou em casa que só varões freqüentavam. O calor e intimidade de suas relações patente ficou nas linhas que a mãe lhe dedicou:

"Fora-lhe(me) mui obediente e ajudara-o(me) e socorrera com seus bens em todas as suas(minhas) necessidades."

Don Juan, que nunca o foi diante das damas, obedeceu à mãe até o túmulo. Nela encontrou o modelo de feminilidade "de corpo e alma".

Em busca de Miguel, apareceu em Madri o buliçoso e imberbe dançarino de Sevilha Getino de Guzmán. Como Hoyos, também teria podido elogios escrever ao caro e amado Cervantes. Conquanto anos o separassem do jovem Miguel, não foram obstáculo para a íntima relação. Getino deslumbrou Cervantes com danças, piruetas, invenções, extravagâncias, tão originais quanto delicadas. Tinha refinado gosto para confeccionar buquês, arranjar vasos de plantas, erguer arcos de triunfo e, fechadas as cortinas da alcova, imaginar roupas femininas para homens. Era capaz de improvisar danças em festas ou fazer, com quatro retalhos de tafetá bordados, figuras alegóricas. Começara como dançarino na companhia de Lope de Rueda e terminou em Madri como velho admirador de gracioso jovem ceceante, Miguel. Com entusiasmo o contemplou e com habilidade lhe mostrou sensualidade capaz de assentar-lhe a literária ambigüidade. Getino ia com freqüência à "pensão" dos Cervantes. Acompanhado por vezes de López de Hoyos e outros bons amigos de devaneio, bulício e literatura.

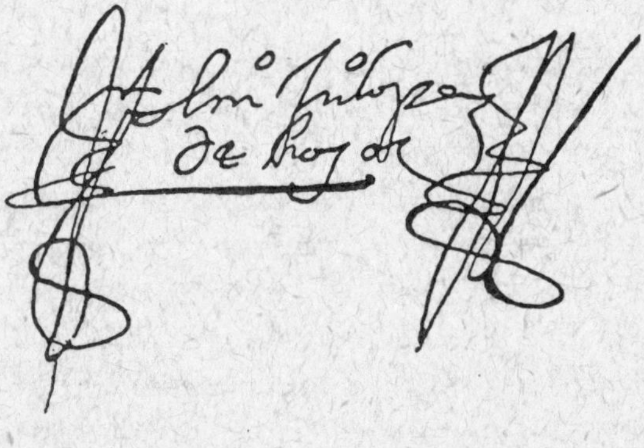

*Assinatura de Juan López de Hoyos*

Miguel recebia-os com palavras pagãs, decidido a sacrificar o visível ao invisível. Como teria gostado de roubar o fogo do céu!

# 36

Oito meses antes da morte do príncipe Carlos a rainha Isabel de Valois deu à luz a segunda filha. O pai, Felipe II, quis que se chamasse Catalina Micaela. Anos depois veio a ser duquesa de Sabóia. A Câmara de Madri, dada a gastos, destinou cem reais ao grácil Getino:

"Pelas invenções que produzira nas festas do feliz parto da Rainha Nossa Senhora."

Getino, com os parceiros de festas e noitadas, muito especialmente com Diego de la Ostia, construiu preciosos arcos triunfais, adornados de ramalhetes de flores primorosamente dispostos. Realçou Getino um dos arcos de triunfo com soneto do querido e mui jovem Miguel de Cervantes, "com o qual tanto amava".

O soneto entrou para a História como primeiro poema conhecido do escritor. Imaturos versos reveladores da futura obra. Após cantar, como exigia a circunstância, o real parto, conclui contemplando a própria hesitação. Dúvidas e incertezas febris de jovem escritor:

Soneto.

De Mig. de Ceruantes. a la
Reyna. D. Ysabel. 2ª.

Serenissima Reyna en quien se halla
lo que dios pudo dar a Un ser humano
amparo Universal del ser Xpiano
de quien la S.ta fama nunca calla

Arma feliz de cuya fina malla
se Viste el Gran Phelippe soberano
inclito Rey del ancho suelo Hispano
a quien fortuna y mundo se avassalla

Qual yngenio podria aventurarse
a pregonar el bien que el tas mostrando
si ya en divino Viese convertirse
que en ser mortal abra de acobardarse
y assi le era mejor sentir callando
aquello q es dificil de dezirse

Primeiro poema de Cervantes

Soneto de Miguel de Cervantes à Rainha Dona Isabel II

Sereníssima Rainha, a quem não falha
o que Deus pôde dar a um ser humano,
amparo universal do ser cristão,
de quem a santa fama nunca cala;
Arma feliz, de cuja fina malha
se veste o Grão Felipe soberano,
ínclito Rei do largo solo Hispano,
a quem fortuna e mundo se avassala:
Que engenho poderia aventurar-se
a apregoar o Bem que estás mostrando,
se já em divino viesse converter-se?
Que, em ser mortal, irá acovardar-se,
e assim lhe vai melhor sentir calando
aquilo que é difícil de dizer-se.

*Primeiro poema de Cervantes (tradução)*

e assim lhe vai melhor sentir calando
aquilo que é difícil de dizer.

*[y assí le va mejor sentir callando / aquello que es difizil de dezirse.]*

Fiel à inspiração, anos depois reexpressou n'*O Quixote* a idéia contida nos dois últimos versos do poema:

"Sofra e cale quem se atreve a mais que o que suas forças lhe permitem."

No *Persiles* confessa:

"Foram-se apoderando de mim os vícios de tal maneira, que foram e são em mim como acidentes inseparáveis."

Inalcançável felicidade, pensava o grupo de varões capitaneados pelo dançarino Getino. Para eles o paraíso terreno estava situado em lugar perdido do Oriente. Um querubim com espada incandescente protegia-lhe a entrada, e uma barreira de fogo, o recinto. Jardim de Deus de Ezequiel rodeado de pedras preciosas, Jardim do Senhor de Isaías, lugar de júbilo, música e harmonia. Na "pensão" dos Cervantes, todavia, os originalíssimos cavalheiros construíram paraíso de salão. Sabiam que em hebraico Paraíso se dizia "Pardes", palavra de raiz persa, *Apiri-daeza*: pomares cercados de tapumes. No *Gilgamesh* também se encontrava o jardim "maravilhoso" dos deuses. Platão na *República* o situou sob o reino de Cronos. O escritor Stefan Zweig, para escapar do inferno em que o mundo se tinha transformado, tomou com a mulher, Lotte, letífera dose de veronal, e a última noite passou jogando xadrez com o amigo Feber. Refugiado antes de acabar com a vida no quadrilátero arrebatamento-concentração-paroxismo-evasão do tabuleiro de xadrez. Entre as quatro paredes da casa de tolerância dos Cervantes, os amigos e cupinchas de Getino fugiam do inferno esbaldando-se.

O segundo passo poético de Miguel não deixaria rasto algum. O padrinho não foi dessa vez Getino, mas López de Hoyos. O querido mestre compôs para a Câmara de Madri "relato da morte e honras fúnebres do príncipe Carlos". E dedicado ao... cardeal Espinosa. Meses antes, como presidente do Conselho, o cardeal prestes estivera a trocar de papel com o defunto, por punhal do próprio dom Carlos.

No opúsculo, segundo Hoyos, figuravam "muitas orações fúnebres, elegias, estâncias e sonetos mui bons, com que deram mostra de habilidade os estudantes do *Estudio*".

A obrinha interditada foi pelo Conselho de Castela e pelo frei Diego de Chaves, confessor do rei. Miguel ficou a ver navios enquanto esperava outra oportunidade. Lição que lhe reforçou a ambigüidade:

Entre creio e não creio
me deixam estas sombras que aparecem.

*[Entre creo y no creo / me tienen estas sombras que parecen.]*

Carregaram no ombro o féretro de Carlos sem poemas os mais nobres dentre os "grandes de Castela", para que ninguém acusasse Felipe II de infanticídio. A multidão contemplou a comitiva entre cochichos e murmúrios; para a maioria, e para a família Cervantes, dom Carlos morrera pelas mãos do pai, como depois afirmaria a lenda negra.

O jovem Carlos foi enterrado em Santo Domingo del Real, mas o rei não seguiu as exéquias. Deu a conhecer por meio dos palacianos vassalos que o príncipe morrera piedosamente. Pessoalmente assegurou aos mais incrédulos — a maioria — que nos últimos instantes lhe dera a paterna bênção.

Miguel, Getino e sua trupe de dançarinos parte tomaram do cortejo de curiosos.

Para Cervantes dom Carlos, qual cavalo desembestado, esbarrara no obstáculo da realidade: o sórdido surgira-lhe na vida como invertido pudor.

# 37

Felipe II comportou-se com estoicismo ante o falecimento do filho, mas sem nenhum ante o da esposa. Sessenta e seis dias depois de tirar a vida do príncipe, a morte levou a rainha de Espanha, Isabel de Valois. Afogou-se em lágimas o rei, e foi maravilhoso ver que "o mais frio dos monarcas espanhóis era capaz de abrir tal berreiro".

Atreveram-se os mais ousados a murmurar: Isabel morrera de tristeza. A dor causada pelo falecimento do primeiro noivo e enteado, dom Carlos, extinguira-lhe a vida. Afiançaram alguns que desde a morte de Carlos a rainha interminamente chorara sem razão alguma. "Tinha uns desmaios perigosos, tais, que algumas vezes lhe faltava o pulso, outras lhe sobrevinha uma dificuldade de respirar até quase a sufocação, outras, ainda, uns entorpecimentos."

O rei, com mórbido ciúme, ordenou que não os enterrassem juntos; não podia a rainha dormir eternamente ao lado de dom Carlos no Santo Domingo del Real. Deu sepultura à amada no Convento das Descalças Reais. Exigiu que "soleníssimas honras" se lhe rendessem. López de Hoyos qualificou-as de "suntuosas exéquias fúnebres".

Em 3 de outubro de 1568, dia do falecimento da rainha, teve início um dos mais duros invernos que a Península conheceu.

Os mouriscos, aproveitando a intempérie, rebelaram-se nas Alpujarras. Projetaram rei nomear, a todos os cristãos das montanhas matar, e esperar que os correligionários do Império Otomano viessem socorrê-los.

Meio mundo efetivamente conquistara o Império da Porta, e coisa de somenos parecia aos mouriscos a subjugação da cristandade da Península pelos vitoriosos correligionários. Confundiram-se: já não governava a Porta o magnífico Solimão, o Magnífico, e sim o bêbedo Selim, o Ébrio; tinham-lhe aparecido nas fronteiras dois inimigos, com todas as forças mobilizadas: Ivã, o Terrível, e a rebelião xiita na Pérsia. Como se a história desse voltas e revoltas para ao ponto de partida tornar. Não podia o Império Otomano, tirando forças de fraca energia, socorrer no extremo do Mediterrâneo sua "quinta-coluna". Os rebeldes mouriscos, desiludidos, sonhavam porém com ser ponta de lança de nova muçulmana conquista da cristã Espanha.

Felipe II, desconsolado da morte de sua francesinha, não queria compreender o que no reino de Granada sucedia, nem sequer quando a situação se deteriorou. Com o inconfundível estilo, precursor da polícia de Estados totalitários, sugeriu: "Será bom guardar segredo do que está acontecendo em Granada."

Em Madri Cervantes e companheiros de festa e farra do *Estudio* de López de Hoyos tampouco souberam o que se passava a tão-somente 330 km da capital do reino. Mais lhes interessavam as fabulosas aventuras do rei persa Artaxerxes, chamado o Imaginário, porque, segundo Plutarco, a mão direita tinha maior que a esquerda. Sobressaiu no arco e flecha e no jogo de pelota. Morreu aos quarenta anos, em 424 a.C. No tempo do bisavô do avô de Cervantes foi escrito o romance *Carnamac*, em persa, para a vida e milagres do rei contar e cantar. Romance persa de desconhecido autor, menos antigo do que é sempre pareceu. Recentemente um historiador descobriu-lhe a idade ao averiguar a época em que estavam alinhados os cinco planetas a que se

# Hystoria y relació verdadera dela enfermedad feliciſsimo tranſito, y ſumptuoſas exequias funebres de la Sereniſsima Reyna de Eſpaña doña Iſabel de Valoys nueſtra Señora.

Con los ſermones, letras, y epitaphios a ſu tumulo, dilatado con coſtũbres, y cerimonias varias de differentes naſciones en enterrar ſus diffunctos, como pareſce por la tabla deſte libro. Enel qual ſe Comprehende el naſcimiento y muerte de ſu Mageſtad.

Dirigido al Illuſtriſsimo, y Reuerendiſsimo Señor Don Diego de Eſpinoſa, Cardenal de la ſancta Yglesia de Roma, titulo S. Eſteuan de monte Celio, Obiſpo y Señor de Sigüença, Preſidẽte del conſejo Real, Inquiſidor Apoſtolico General en los Reynos y Señorios de ſu Mageſtad, contra la heretica prauedad y apoſtaſia. &c.

Cõpueſto y ordenado por el Maeſtro Iuan Lopez Cathedratico del Eſtudio deſta villa de Madrid.

Impreſſo en la muy noble y coronada villa de Madrid en caſa de Pierres Coſin, a las eſpaldas de la Victoria.

Año de M.D.LX.IX.

Con preuilegio Real.

Eſta taſſado en dos reales y medio.

*Exéquias de Isabel de Valois (de Juan López de Hoyos)*

refere o autor. No centro docente de López de Hoyos os alunos Artaxerxes estudavam, e por isso supunham que as rãs persas xadrez jogavam durante a estação das chuvas, duma casa para outra saltando. Essas divagações eruditas monopolizavam a atenção dos discípulos de López de Hoyos, como Miguel, enquanto ignoravam a carnificina que se estava dando em Granada.

A Câmara de Madri encarregou López de Hoyos duma "história e relação verdadeira da enfermidade e bem-aventurado trespasse [...] da sereníssima Rainha de Espanha [...] com os sermões e epitáfios compostos para seu túmulo". Também dessa vez o livrinho foi dedicado ao sobrevivente Diego de Espinosa.

Miguel de Cervantes entrou enfim em letras de fôrma na arena literária espanhola.

"Miguel de Cervantes, nosso caro e amado discípulo", disse López de Hoyos em seu mais lido texto. Miguel de Cervantes escreveu:

> [...]
> Que coisas que são do céu
> jamais as merece a terra.

*[(...) / Que cosas que son del cielo / no las merece la tierra.]*

Chama a atenção a ampla contribuição de Cervantes para a *História e relação* de López de Hoyos. O velho mestre e o jovem discípulo viviam lua-de-mel. Cervantes escreveu para o opúsculo:

— um soneto: "primeiro epitáfio em soneto com uma copla castelhana";

— uma redondilha: "na qual se representa a rapidez e presteza com que a morte levou Sua Majestade";

— quatro redondilhas: "nas quais, como se pode constatar, há cores retóricas; na quarta se fala de Sua Majestade";

·TABLA

— uma elegia: "que em nome do todo o Estado o supracitado [Cervantes] compôs para o Ilustríssimo e Reverendíssimo Cardeal Dom Diego de Espinosa; nela com bem elegante estilo se põem coisas dignas de memória".

Figurava também no livrinho um soneto de Antonio de la Serna, um de Juan Martínez de Oropesano, um epitáfio e um epigrama, ambos de Diego Gracián, composições dos alunos e várias coplas de López de Hoyos, além de três sermões.

Cervantes gozou de privilégio. Compôs o principal poema: a elegia a Diego de Espinosa. Era o jovem poeta a quem o professor dedicara todas as complacências e carícias.

Pôs-se à venda o opúsculo em setembro de 1569, quando o inconsolável viúvo Felipe II estava prestes a contrair novo matrimônio: o quarto enlace. Enquanto isso, nas Alpujarras a guerra de religião entre mouriscos e cristãos recrudesceu, com violência imprevista.

Miguel não queria secar-se ao vento do crime. Inocente, julgou que onde ele não estivesse a felicidade deitava raízes.

# 38

A contenda em Granada começou com minúsculo incidente. Sessenta mouriscos, no dia de Natal de 1568, na cidade entraram com intenção de sublevá-la. Malogrado o intento, obrigados se viram a refugiar-se nas montanhas. Muitos dos mouriscos da região uniram-se a eles: os sessenta logo são cem, depois mil, a seguir quatro mil, e, segundo o duque de Sesa, passados apenas dois meses, em fevereiro de 1569, já os revoltosos guerrilheiros contavam cinqüenta mil. Fortificaram a cidade de Órgiva, bloquearam Almeria, controlaram e ocuparam as altas zonas da Sierra Nevada. Para alcançar o definitivo triunfo, faltava-lhes tão-somente a chegada de turcos reforços. Entretanto se viram obrigados a armar-se mais cada dia, e para isso não hesitaram em trocar cada cativo cristão por uma escopeta. As cidades da planície do antigo reino de Granada continuavam sob cristã administração, mas as montanhas estavam nas mãos de sediciosos e rebeldes. *Mudjahidins* do alto vigiavam, dominavam e sobretudo ameaçavam. Organizados e bem-treinados, tinham-se feito da região os donos. Rebeldes mouriscos enviaram embaixadores a Constantinopla e a Argel. Solicitavam a entrega dos milhares de arcabuzes prometidos e "socorro aos mouros de Granada". Os exércitos otomanos, contudo, de pés e mãos atadas no Leste, tentavam recuperar as terras ocupadas por Ivã, o Terrível, e mitigar a hostilidade do Partido de Deus dos persas. Não podiam nem desejavam uma segunda conquista da Espanha empreender aliados aos insurretos correligionários. Unicamente se aproveitaram da tensão criada no reino de Granada para recuperar Túnis. Quatro mil janízaros, a mando de Eulaj Ali, entraram na capital como dando passeio militar. Destronaram o protegido de Felipe II, Muley Hamida, mais preocupado com a defesa de seus tesouros que com a da *hispanidade*. Ninguém o ouviu gritar como a um imperialista espanhol dos anos quarenta: "Túnis espanhola!"

No *Estudio* de López de Hoyos, Miguel e companheiros, surdos ao embate granadino, jogavam xadrez. Anos depois, em 1970, e graças ao satélite russo Soyuz 9, deu-se a primeira partida de xadrez entre céu e Terra: entre espaço e homem. Quando afinal chegaram a Madri os primeiros ecos da guerra de Granada, muitos recordaram a primeira partida de xadrez entre o Antigo e o Novo Mundo: Pizarro e o imperador Atahualpa. O conquistador astuciosamente deixou ganhar o discípulo em xadrez antes de assassiná-lo e apoderar-se do Peru. Em 1972 dois cosmonautas distraíram-se jogando xadrez com um computador. Aconteceu em filme de Stanley Kubrick, *2001: Uma odisséia no espaço*. Dez anos antes o mesmo diretor conseguira, graças ao sucesso do filme *Lolita*, resgatar desconhecido enxadrista e autor de, entre outros livros, dezessete extraordinários romances, Nabokov. A *nomenklatura* tentou enterrar em vida o romancista russo. Sem queixar-se, Nabokov começou suas memórias assim:

"Nossa existência não é mais que breve réstia de luz entre duas eternidades de trevas."

Réstia de luz deslumbradora recebida pelo romancista na hora de estudar Cervantes e sua obra. Nabokov apostrofou com genialidade Cervantes, numa das mais brilhantes páginas da crítica literária.

Felipe II impôs tal censura aos acontecimentos das Alpujarras, que Cervantes em redondilha escreveu:

> Quando nos deixava a guerra
> liberto o hispânico solo.

*[Cuando dejaba la guerra / libre nuestro hispano suelo.]*

Ao contrário do que criam os companheiros de saraus na casa de tolerância dos Cervantes, o "hispânico solo" não estava "liberto de guerra". Felipe II, sem dar com solução para o conflito, resignou-se após mil e uma precauções a chamar o irmão bastardo, dom Juan da Áustria, para que prudentemente assumisse o comando das operações. Só poderia passar ao ataque, por ordem do rei, em caso de extrema necessidade. Mas dom Juan da Áustria, decidido a conseguir galões, ele, que já quase todos tinha, iniciou crudelíssima guerra de guerrilhas e emboscadas. Logo a situação afigurou-se desesperadora para a Coroa de Espanha. O próprio Juan da Áustria receou que a rebelião se propagasse, os mouriscos do reino de Valência e da Andaluzia ocidental, até a própria Huelva, se insurgissem e todos juntos, com os irmãos de Granada, ganhassem o confronto. O bastardo de Carlos V demonstrou na contenda toda a sua astúcia. Obteve com pactos, artimanhas e estratagemas o que com armas não pudera conseguir. O exército de Juan da Áustria revelara-se impotente; mais que "lança capaz de atravessar o coração da refrega", tornara-se aparatoso engenho, mas débil e vulnerável. Dom Juan trocou a espada pelo ardil e pouco a pouco dominou e subjugou os rebeldes.

Um após outro os reis dos revoltosos foram traídos, logrados ou assassinados. Em 20 de maio o capitão geral dos rebeldes, Albaqi, beijou as mãos de dom Juan da Áustria. Juntos firmaram paz. Pacificação que dom Juan teria querido em princípio que "respeitasse as regras da honra". Paz que satisfez Felipe II. Tudo acertado parecia quando o tortuoso dom Juan mudou de opinião. Em carta de 14 de agosto pediu ao irmão e rei a expulsão dos mouriscos e acrescentou como argumento: "Só assim estaremos seguros." Medida que felizmente não tomou Felipe II, mas desgraçadamente o faria Felipe III, com cortejo de sangue, suor e lágrimas.

À casa dos Cervantes por fim chegaram ecos da medonha contenda. Ninguém nela era a favor de soluções drásticas, cruéis ou injustas. Mas, meses depois do fim da guerra das Alpujarras, Felipe II levou em consideração o pedido de Juan da Áustria. Decidiu, se não expulsar os mouriscos, deportá-los em massa. O sentimento de Estado impediu-lhe o que teria devido impedir a consciência: expulsar definitivamente do reino parte dos súditos. O estadista Felipe preferiu massivamente deportá-los, qual antecessor de Stalin. Ordenou que trasladados fossem para Castela e Aragão, enquanto cristãos-velhos colonizavam as fertilíssimas terras do reino de Granada. Dom Juan teve de conformar-se com a deportação, mas... assistiu a ela compungido; presa da dor, viu como tais "pobres criaturas, penduradas umas nas outras, se lamentavam em meio a uma tempestade de vento e neve". Era, como acabou por reconhecer, a maior desgraça que se podia imaginar.

"É grande o número de mouriscos que saíram desta única parte e partiram com menos de 1.000 soldados com a maior lástima do mundo porque no momento da partida caiu tanta água, neve e vento, que por certo ficavam no caminho mãe e filha, mulher e marido, viúva e bebê. Não se negue que ver o despovoamento de um Reino é o espetáculo mais lamentável que se pode conceber."

George Grosz, o mais cervantino dos desenhistas alemães, teria podido descrever esse terrível êxodo. Quando outros êxodos se davam, Grosz, com Chagall, Modigliani e Klee, tomou parte — forçadamente, sem que ninguém os consultasse — da exposição "A arte degenerada", organizada pelo ministro da propaganda Goebbels. Em 10 de maio de 1933 Grosz viveu uma das piores tragédias que podem atingir um artista: duzentas e oitenta e cinco obras suas queimadas foram pelos nacionais-socialistas alemães no interior da Universidade de Humboldt.

A deportação dos mouriscos foi para Cervantes a prova de que Deus enlouquecera e de que ninguém reconhece a desgraça do desgraçado.

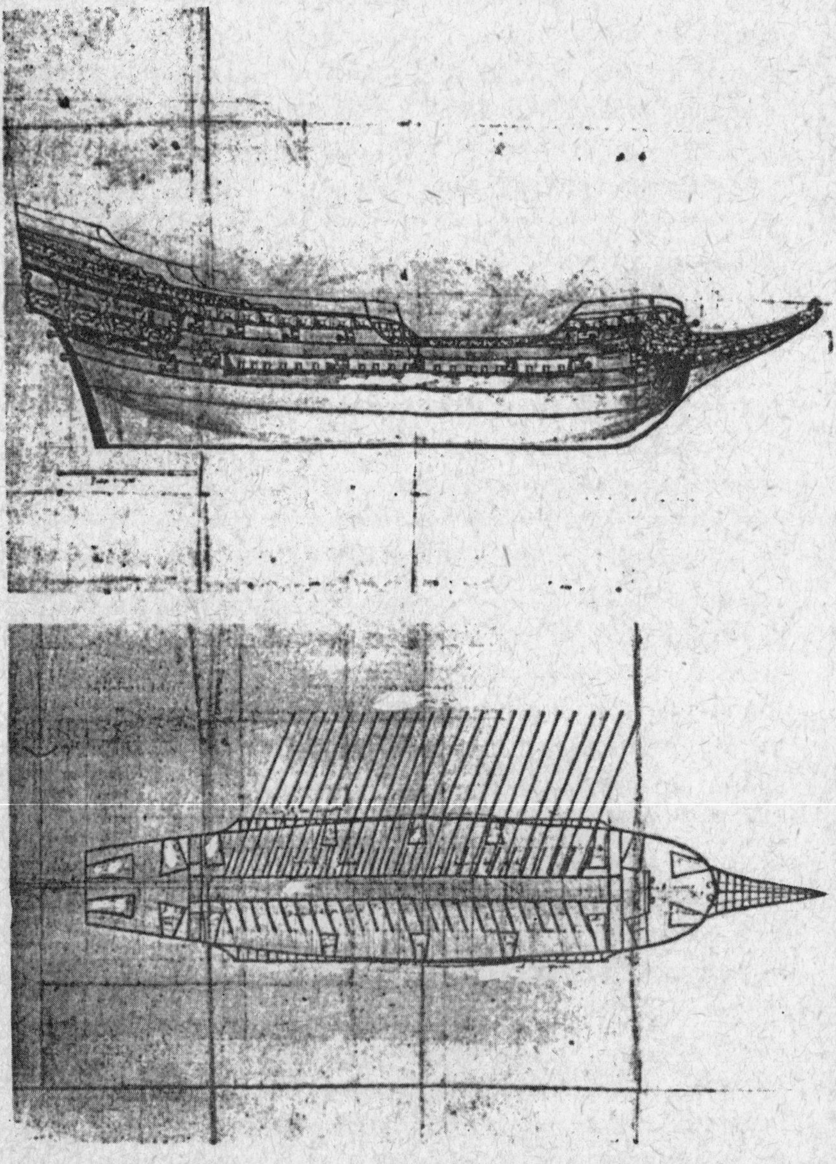

*Galera veneziana (coleção de Fernand Braudel)*

# 39

Em dezembro de 1568 Cervantes, com recém-feitos vinte e um anos, relativa fama de poeta conseguira. Seu nome ganhou certo destaque por ocasião do nascimento da princesa Catalina Micaela, em outubro de 67, da morte ou assassínio do príncipe de Astúrias, dom Carlos, em julho de 68, e do óbito da rainha, em outubro do mesmo ano. Graças à proteção, carinho e mercês prodigalizados pelo velho admirador López de Hoyos, Cervantes começou a despontar, embora não muito além das paredes do *Estudio*. Em alguns círculos de más-línguas madrilenos, os versos do jovem Miguel mereceram tantos comentários quanto efusivo amor lhes devotava López de Hoyos. Indispensável caule de todo o ramalhete do diretor, Miguel era o "José" dos irmãos de poesia. E, como "José", inveja despertou.

Em Madri os Cervantes lutavam quase barojianamente pela vida. No estreito *ring* da "pensão", alinhavam-se os membros da família, encabeçados pelo pai. Albergue, refúgio, abrigo, cada leito-colchonete era para toda a sorte de folias. Macias camas dobráveis que vinham a pêlo, e não apenas para Miguel e originais amigos. Andrea Cervantes, que de boba não tinha nada, com as longas melenas sabia agarrar cada oportunidade pelo cabelo, ainda que apenas pelo tempo duma sesta. Graças a ela o irmão, Miguel, que antes vivia a pão e laranja, deixou de ser rapado.

Fiel aos amigos de coração e escândalos, Cervantes acolhia o velho dançarino Getino de Guzmán. O senhor Rodrigo, que pouco via e menos ainda queria ver, aplicava-lhe como bom barbeiro arrebiques e topetes, enquanto o inseparável Miguel versos costumava ler-lhe com encantadores tropeços de gago. Para o poeta chinês, como para o dançarino, o *ché* da poesia é o tropeço.

Não apareceu por Madri, no entanto, Mateo Vázquez de Leca, encantador invertido e surpreendente destinatário, anos depois, de carta do próprio Cervantes no dia da libertação em Argel. Mateo Vázquez, jovem nefando, foi do juiz eclesiástico de Sevilha, Juan de Ovando, secretário, pelo menos. Juan de Ovando era conhecido na casa dos Cervantes; o sobrinho, Nicolás de Ovando, facundo sevilhano, apaixonou-se por Andrea e teve de doar-lhe da fortuna parte. Em cartas de amor o velho religioso, passada a casa dos cinqüenta, manifestou paixão pelo secretário, "o magnífico senhor meu irmão Mateo Vázquez". Mateo Vázquez fazia parte do grupo de rapazes em que se formou a sensualidade de Cervantes, em Sevilha.

Esforços foram feitos para transformar Cervantes em varão exemplar e até em heróico cavaleiro. Não obstante, se suas relações com homens são conhecidas, pouco ou nada se sabe das que teria podido ter com o sexo oposto. Equivocadamente se lhe atribui uma primeira aventura sexual com a mulher dum taberneiro da rua Tudescos, em Madri, quando tinha mais de trinta e seis anos. Miguel, enfeitiçado pelo marido, anos depois reconheceria como filha legítima a do bodegueiro morto.

Aos trinta e sete anos, tentando dar golpe do baú, Cervantes casou-se. Por não poder cobrar o dote prometido, deixou a mui jovem esposa, sem sequer passar uma noite de "coabitação" com ela. Dezesseis anos depois se lembrou dela e a levou como colaboradora para a hospitaleira casa de tolerância de Valhadoli.

Se na obra de Cervantes as mulheres são admiráveis e inteligentes, quase nada fica sabendo o leitor de seus encantos físicos. Dulcinéia, pura fábula, fantasiosamente descrita à maneira dos romances de cavalaria, termina por aparecer com os traços rústicos de camponesa: Aldonza Lorenzo. Cheira a suor e cebola. Personagens lúcidas e exemplares, como as irmãs e tias de Cervantes: Constanza, modelo de clarividência... e fruto de obtusa e brutal violação de aristocrata. Rosamunda muitos pecados comete, mas não o da parvoíce. Leocádia, nobre jovem, como Cornélia Bentibolli, contrariando o conformismo da época, reconhece, orgulhosa e sensata, o bastardo. Prostituídas ou não, brilham por sagacidade e talento. Sigismunda é casta como monja de clausura, mas tão penetrantemente perspicaz! A Ciganinha, vulcão de sensualidade com mancha branca no seio esquerdo e dedos dos pés como de pato, é em verdade poço de inteligência. Seus conselhos não perdem atualidade, como o que dá a representante da ordem, um tenente de aguazil:

"Suborne... suborne e terá dinheiros, e não faça usos novos [ou seja, não se torne honesto], que morrerá de fome [...] dos ofícios se há de tirar dinheiro para pagar condenações e para pretender outros cargos."

Mulheres virtuosas ou viciosas, mas sempre vivazes e sedutoras como ele teria querido ser, diante de homens covardes, invejosos, ciumentos e brutais.

Cervantes, a Ciganinha, há quatrocentos anos contemplava com dor um país em ruínas. Imaginava-se leproso, caído em urtigas e cacos de porcelana ao pé do muro da masculinidade triunfante.

# 40

Quando os vizinhos madrilenos dos Cervantes deixavam de mexericar as relações de Felipe II com a mulher e o filho, davam de falar mal de Miguel de Cervantes e excêntricos amigos. O mais ferino e impertinente dos caluniadores foi o andante em Corte Antonio de Sigura.

Na época em que Andrea o rentável idílio com o italiano viveu, ao timorato pai sopro de fortuna tocou. Dona Leonor, a esposa, herdou da mãe censos, bens móveis e vinhas, localizadas no que seria muito tempo depois pista de pouso do aeroporto de Barajas. Para receber a herança, porém, teve de lançar mão de todo o tipo de chicanas. Como autêntica Cervantes, diga-se: armadas de processos, as mulheres da família de Miguel freqüentavam os tribunais como velhos advogados, mais que como cristãs-velhas. Os testamenteiros, escaldados, recusavam-se a dirimir litígios com tais estranhas mulheres, que, código na mão, na hora das partilhas e doações brigavam até o último maravedi.

Dona Leonor, manipulando o títere do marido, deu poderes a Rodrigo Cervantes para que se comportasse com "firmeza viril", firmeza que na família só as mulheres cervantinas eram capazes de ter.

"Para que por mim e em meu nome [...] possais pedir e requerer [...] haver e cobrar todos e quaisquer maravedis e outras coisas que a mim me sejam devidas por herança de meus senhores pai e mãe [...]."

O pusilânime e surdo Rodrigo, incapaz de levar a cabo a missão, mas na coragem e lucidez das mulheres da casa respaldado, ganhou o processo. Com a herança no bolso, as Cervantes as vinhas imediatamente venderam. Preferiram maravedis sonantes a hipotéticas colheitas vinícolas sujeitas a ventos e tempestades. Com a apanha da querela as mulheres embelezaram a casa, mudada em ganha-pão. Andrea, mestre de cerimônias e luxúrias, vestir-se pôde como a função requeria. Cervantes contemplou-a com inveja e respeito.

Quando, anos depois, as mulheres da casa conseguiram salvar Cervantes, encerrado como escravo em Argel, da irmã Luisa nem um padre-nosso recebeu. Quando a essa santíssima mulher e mística de cilício informaram o cativeiro do irmão, conta a lenda que teria comentado:

"Em boa hora lhe vem esse cativeiro e essas torturas; com eles poderá fazer penitência dos enormes vícios e pecados. Espero que professe lá a fé cristã. E, se há de morrer de tortura, alegra-me pensar que subirá ao céu de um salto."

Sabia Luisa dos muitos "vícios e pecados" de Miguel, e por isso a ninguém causou espécie tal terrível sentença.

Aos vinte anos Cervantes descobriu o entra-e-sai de casa de tolerância e seus interesses. Quarenta anos depois viverá em outro açougue, em Valhadoli. Toda a família se alojava na "pensão" livremente, assim como os não menos livres hóspedes ocasionais. Num piscar de olhos o salão mudava-se em barbearia ou em dormitório de cama redonda. O senhor Rodrigo riçava o orçamento doméstico com pentes e tesouras, ao passo que Andrea, Magdalena, María e Constanza acolhiam os viajantes com amoroso saber.

Nenhum dos irmãos e irmãs de Miguel se casou. Não aceitaram os laços e, menos ainda, os doces grilhões do matrimônio. Todos, especialmente as irmãs, puseram em prática a sentença de Omar Khayam: "Viver intensamente custe o que custar." Em verdade mais custava aos que por elas se apaixonavam.

# 41

Reinava na "pensão" atmosfera de liberdade e independência. Universidade foi para a obra de Cervantes.

Cervantes gostou de ler no Gênesis que Noé, completamente bêbedo, se despira. O filho Cão, julgando vergonhoso o espetáculo e fulo de raiva, condenou a falta de autocontrole do progenitor. Sem e Jafete, irmãos de Cão, sem a bedéis se meter e deixando-se governar pela misericórdia, trataram o pai com ternura e compreensão. Envolvendo-lhe em véu o desregramento, com manta cobriram o pai. Quando Noé acordou e soube do sucedido, uivando para a lua às favas mandou o filho censor. Os impropérios e injúrias do pai foram transcritos de maneira fantasiosa: Noé teria condenado inapelavelmente o filho Cão e a todos os seus descendentes a escravos ser dos irmãos por todos os séculos dos séculos.

Reunidos em concílio e exorbitantes, os Pais da Igreja explicaram as invectivas de Noé. Seguindo tortuoso e ziguezagueante raciocínio, como convinha a exegetas de Noé, determinaram que os descendentes de Cão eram os negros e consideraram justo e até bíblico que os brancos, descendentes de Sem e Jafete, os fizessem escravos. A análise eclesiástica cimentou o medonho crime racista da escravidão da Idade Moderna.

Leu Cervantes no Gênesis: “Noé caiu nas graças de Jeová”, pois não debalde era “homem justo, correto”. Por isso o salvou do dilúvio universal, e engendrar permitiu-lhe três filhos aos quinhentos anos... sem problema de próstata. Dizia a Bíblia: “Noé sempre caminhou ao lado de Deus”..., até quando ia embriagado, pensou o autor d’*O Quixote*.

Para Cervantes Noé não era pingueiro, mas original. Graças a frenesi passageiro o herói do Dilúvio sondou em público o inconsciente, livrou-se da roupa e dos preconceitos e dançou a noite toda nu. Inventou o Carnaval. E disso Deus gostou. Não estranhava Cervantes essa paixão divina pelas humanas misérias. Heterodoxos e quixotes repetiam: “Deus elege os loucos para confundir os sensatos.”

Noé no dia de loucuras compreendeu a necessidade de festas, carnavais, enterros da sardinha e poetas malditos insubmissos interpretando o papel de imprecadores. Séculos depois o justo entre os justos, o rei dos reis, Salomão, proclamaria: “Sou o mais louco dos homens.”

Noé traçou no dia da revolta festiva a trilha percorrida por quixotes para assombro de sabichões e regalório de inocentes: Tristan Tzara fundando o dadaísmo, Dalí celebrando a *Teoria das catástrofes*... William Blake reconheceu: “Se alguns não agissem como loucos, não poderíamos ser cordatos.”

O século de Cervantes recusou o heterodoxo, o quixote, todos os que não se ajoelhavam ante normas de compostura. Tinham um parafuso a menos! Anos antes, na Idade Média, “tinham um a mais” — por isso se lhes extraía a *pedra da loucura* após incisão na cabeça, tal qual o pintou Bosch.

Para Cervantes Noé foi o louco do Gênesis. Com ele teve início poesia e anticonformismo. Via árdua e exigente, pelos profetas celebrada: “Que aquele que pareça cordato se torne louco para ser cordato.”

Prudência, ortodoxia e cordura que inspiraram a Batillo, o

bufão da comédia de Calderón *O filho do sol*, *Faetonte*, esta reflexão cervantina:

Contudo, se parvo eu era,
Agora sou parvo em dobro.

*[Pero si un tonto me era, / he quedado hecho dos tontos.]*

# 42

Antonio de Sigura não suportou a vida dos Cervantes, menos ainda seus milagres, particularmente os de Miguel de Cervantes. Melindroso indivíduo vingativo. Servira-se do próprio testamento para deserdar os parentes e lançá-los ao inferno. Cancelou missas para alcançar castigos eternos. Começou a vida como pedreiro, e como tal a terminou, apesar de ao término dela se ter dado o pomposo título de aparelhador de obras; ninguém nunca viu, ademais, parelho analfabeto.

De Sigura não podia tolerar aquele grupo de rapazes bizarros e diferentes e, menos ainda, o ceceante Cervantes. O escritor referiu-se em sua obra ao duelo em que enfrentou De Sigura com infindas circunvoluções. Por toda a vida sentiria o peso da ira do pedreiro, o desafio que os fez enfrentar-se e o terrível veredicto do rei que pôs fim ao incidente. N'*O galhardo espanhol* uma personagem, Saavedra! como o autor, ofuscada a razão pela paixão, reconhece:

> Já se sabe que costumo
> ao que é honra acudir
> [...]
> e vergonha me seria
> que outro por mim pelejasse

[...]
e ao irado desafio
desse (mouro) corri cego
sem dar ouvidos aos mandos
que até no mais bravo põem freio.

*[Pues ya se sabe que suelo / a lo que es honra acudir / [...] / y gran mengua me sería / que otro por mí pelease / [...] / a la voz del desafío / deste (moro) corrí ciego / sin hechar de ver los mandos / que al más bravo ponen freno.]*

Pouco antes de morrer, escreveu em *Viagem ao Parnaso*, recordando o duelo com De Sigura, que tantas agruras lhe trouxera à vida:

Sempre vêm as más sortes atrasadas
e sempre de tão longe tomam impulso
que são temidas mas não afastadas.

*[Vienen las malas suertes atrasadas / y toman de tan lejos la corriente / que son temidas pero no expulsadas.]*

Cervantes seguiu rememorando aquela imprudência, aquele instante em que "correu cego" para a desventura. Tentou silenciá-lo. Refrega indigna dele, a qual por um triz não o fez perder mão e braço.

Dirigindo-se a si mesmo, increpou-se:

Tu mesmo te forjaste a desventura
e por vezes te vi submisso a ela
mas como um imprudente crocodilo.

*[Tú mismo te has forjado tu ventura / y yo te he visto alguna vez con ella / pero en el imprudente cocodrilo.]*

Querela que relação alguma teve com mulher, como alguns quiseram crer. Não foi Cervantes exemplar varão, nem heróico casanova, nem conquistador, nem santo. Nesse duelo, nessa desventura, Cervantes respondeu furiosamente a quem lhe escarnecia as inclinações sentimentais. Mas para um de seus biógrafos foi o desafio ápice de galante aventura com inacessível dama. Outro imagina a Cervantes envolto na trama amorosa de Gálvez de Montalbo para conquistar uma dama da rainha. Naturalmente ninguém fala de homossexualidade.

No duelo De Sigura foi ferido. Os insultos à "virilidade" de Cervantes receberam histérica resposta. Pela violência para com De Sigura foi condenado Miguel a perder a mão direita.

O terror da condenação levou-o à pânica fuga. Dirá Saavedra, ou seja, Cervantes, outra vez n'*O galhardo espanhol*:

> Se não quisesse entregar-me,
> não puderam cativar-me
> três esquadras nem trezentas.

*[Si no quisiera entregarme / no pudieran cautivarme / tres escuadras ni aun trescientas.]*

Antonio conta no *Persiles* aventura semelhante à de Miguel. Pouco antes de morrer, Cervantes relatou o início do pesadelo. Terror que lhe amarrou a vida ao pé da recordação:

"Alvoroçaram-se os circunstantes. Quiseram deitar a mão em mim. Retirei-me em casa de meus pais, contei-lhes o caso e adverti-os do perigo por que passava; eles deram-me dinheiro e bom cavalo, aconselhando-me que me cuidasse, porque havia granjeado muitos e poderosos inimigos."

Cervantes, perseguido por aguazis e com uma mão condenada a desaparecer, lembrou-se de *Vida de Nícias*, de Plutarco: certos atenienses capturados pelo tirano de Siracusa em 413 salvaram a própria vida recitando de memória as obras de Eurípedes. Que podia Cervantes fazer para a sua salvar? No cárcere de Carabanchel, em 1967, o trato com certos líderes foi-me facilitado por minhas modestas lições de xadrez. Um deles, assassino segundo os acusadores, confessou-me que o xadrez sonhar o fazia. Na *História... dos animais*, em que tanto fala do homem, Aristóteles afirma "o homem é o animal que mais sonha". Podia Cervantes ter senão pesadelos? Surpreende e até inquieta a afirmação de Aristóteles: "Certas pessoas que nunca haviam sonhado, ao fazê-lo pela primeira vez, ou tiveram no corpo alguma grande mudança, ou morreram." Em 1967, as partidas de xadrez na prisão de Carabanchel, onde a televisão não entrara, numeroso público atraíam. Por vezes me perguntei se, mantidas as devidas proporções, tal público não se parecia com o que ia ao teatro em Atenas. Quatorze mil espectadores lotavam o circo heleno em época em que o número de homens adultos era apenas três vezes superior. Um dia me disse o *assassino* sonhador: "Você sabe jogar xadrez porque é como Frankenstein, o dos filmes." Não sabia ele que aos dezenove anos Mary Shelley tinha já dado à luz o terceiro filho, tinha escrito o romance *Frankenstein* e... jogava xadrez, como o pai, anarquista e sonhador. Cervantes não podia sonhar, angustiado pela possibilidade de perder duma machadada o braço.

Ficava a girar na cabeça de Cervantes o momento em que, por questão de amor-próprio, ridicularizado se sentira. Diante dum lapuz, pedreiro analfabeto, atrabiliário, De Sigura, jogara a vida ao fio da espada. Praticou pela primeira vez credo que não teriam defendido as irmãs, credo que nunca mais respeitou ao longo da vida ou da obra. Destinou ao desatino numerosos comentários:

"Mais lastima uma onça de desonra pública que uma arrouba de infâmia secreta."

No *Persiles*, já no umbral da morte e assentada a cabeça, acrescentou:

"As vergonhas castigam, mas não tiram as culpas."

E, cada vez mais crítico da cólera que tão longe o levara, disse: "A luz das armas tira a força das palavras."

Miguel, confuso, ferido, humilhado, arrependeu-se; fugiu tremendo. Com os anos o arrebatamento em Madri diante de De Sigura cada vez mais lhe pareceu pior que crime: um erro. E, qual personagem de Kundera, proclamou:

"Uma das dificuldades do homem é dizer que é animal risível."

Cervantes calou-se e meditou. Aprendeu. Os que falam costumam, como tribunos políticos, disparatar. Transformado em imprecador diante de De Sigura, Cervantes depois pensou: "Quanto teria ganho calando-me!" Uma copla cigana teria podido prevenir-lhe:

> Disse o suspiro pra língua:
> Entre a procurar palavras
> que digam bem o que digo.

*[Dijo el suspiro a la lengua: / échate a buscar palavras / que digan lo que yo digo.]*

O cervantista Ortega y Gasset sentencia:

"Quando é preciso fazer algo seriamente, a primeira coisa: calar-se."

Ocasião de calar-se perderam os construtores do *Titanic* quando anunciaram o engenho mais seguro no mar. Dias depois, em 14 de abril (data que seria da República espanhola) de 1912, o transatlântico afundou. Mil, quinhentas e vinte e três pessoas morreram. Recorde nunca superado, nem mesmo pelo *ferry Estônia*. Um empresa florescente recuperou uma porção de objetos do navio: louças, malas, tabuleiros de xadrez e outros utensílios. Como o afundamento do *Titanic* foi avatar mitológico, estranhar não podem as lendas que suscitou. Pode ser verdade que, em silêncio, dois jogadores de xadrez foram tragados pelo oceano, inconscientes, absortos na reflexão. Felizes foram dadivando meditação às ondas. Cervantes não podia oferecer meditação; volta mil e uma vezes ao tema do desafio. Não cessa de dar lições, já velho, ao jovem Miguel, que construíra um *Titanic* de infortúnio:

"A sentença 'ninguém é ofendido senão por si mesmo' [...] em todos os negócios do mundo é verdadeira, e continuá-lo-ia sendo se os homens aceitassem perder as ilusões e compreender em que consistem verdadeiramente as ofensas."

Muito antes da tragédia, em Córdoba viviam Moisés Maimônides e Abu-al-Walid-in-Ruched (Averróis), os mais importantes filósofos, judeu e árabe, da época. Os dois sobremaneira interessaram a Cervantes. O pensamento de ambos aplicado pôde ser não só à paz como à ciência. Averróis dizia: "Há duas verdades, a revelada e a filosófica, mas, ouvindo a voz da razão, sou obrigado a concluir que apenas uma serve para todos." Maimônides, nove anos menos, afirmava que as verdades reveladas transcendem a reflexão filosófica. Cervantes, armado da dor, compreendeu a globalidade de seu sofrimento e o funcionamento do universo. Converteu-se em mestre de transformação e equívoco. Quis chegar à perfeição pela serenidade na desordem. Não analisou de forma objetiva nem se fiou em possibilidades e recenseamentos. Foi escritor e mestre de revelação indeterminada. Açambarcou a dialética da arte de escrever, mas como mestre de mutações e ambigüidades.

Na *Ciganinha* Cervantes reconhece:

"Que ninguém se deixe obsidiar pelo temor de perder a honra."

Cervantes fugiu para Sevilha. Quis que o esquecessem. Desejava salvar a mão. Quando esperava sumir-se no labirinto sevilhano, chegaram-lhe notícias da Corte. Por "carta de ordem" de 15 de setembro de 1569 os aguazis do reino foram informados da fuga. "Prendais o corpo de Miguel de Cervantes", ordenava a "carta". Logo Cervantes se inteirou de que descera um degrau para o cataclismo — o esconderijo andaluz tinha sido descoberto. "Ides à dita cidade de Sevilha", pedia Juan de Loguer aos aguazis, "e a todas as outras partes, vilas e povoados destes nossos Reinos e Senhorios se necessário."

Afirmou Borges que o pai lhe explicara o paradoxo de Zenão acerca dum jogo de xadrez. Disse-lhe: "Suponha que se trata duma torre: antes de chegar à casa da torre adversa, tem de passar pela do rei, e, antes de passar pela do rei, terá de cruzar a do bispo e a do cavalo." Zenão, graças ao paradoxo do arqueiro, que tão estranhamente explicou a Borges o pai, demonstrou que, quando disparada para um alvo, a flecha não se move. A flecha, tendo de passar por todos os pontos da distância em ínfimo período de tempo, permanece no ponto de partida, imóvel. A soma de todas as imobilidades não pode provocar movimento.

As idéias filosóficas paradoxais causavam vertigem a Cervantes, enquanto em Sevilha se ocultava. A vida de Zenão era tão surpreendente para ele!... Desprezar a tal ponto dinheiro, glória e vida! Quando, após horrorosas torturas, o tirano Nearco aproximou-se do filósofo para ouvir-lhe a última confissão, Zenão mordeu-lhe a orelha e assim a reteve até que o trespassassem as espadas dos verdugos. Antes de expirar, horas depois, e redobrados os martírios, teve força para arrancar a própria língua duma mordida e cuspi-la na cara do tirano. Cervantes não quis imitar Zenão; desejava salvar-se como quer que fosse.

Vendo a própria vida em perigo, o jovem Miguel tomou a decisão talmúdica de desarraigar-se, ir embora da Espanha. Contou Santa Teresa como com o irmão fugiu de Ávila ainda menina. Ao cabo de vários dias de fuga o pai e os aguazis descobriram-na. Teresa justificou-se: "Ia embora da Espanha." O pai perguntou-lhe: "Mas para quê?" Respondeu a santa: "Para conquistar a glória [celeste]."

Cervantes foi embora da Espanha não só para conquistar glória como para salvar a mão.

Durante a fuga compôs na cabeça o terceto que anos depois introduziria n'*A viagem ao Parnaso*:

> Por isso me angustio e me lastimo
> de ver-me só em pé sem que se aplique
> árvore que me dê algum arrimo.

*[Por esto me acongojo y me lastimo / de verme solo en pie sin que se aplique / árbol que me conceda algún arrimo.]*

# 43

Cervantes a distância percorreu de Sevilha a Roma em não se sabe quanto tempo. Gabriel de Tarsis, graças à postal organização, comprometia-se então a cobrir essa distância em trinta dias. Surpreendente velocidade para modernistas tridentinos que pensavam viver a mais acelerada época da História. Atalhos e caminhos sem aguazis escolheu Cervantes. Voando, mais que correndo, fugiu da Espanha pelo pavor de perder a mão condenada.

A notícia da noite de São Bartolomeu chegou aos ouvidos de Felipe II quatorze dias depois da matança, e as primeiras novas de Lepanto vinte e quatro dias levaram para chegar à Corte. Constantinopla inteirou-se da guerra das Alpujarras três meses depois de iniciado o conflito, quando tinha malogrado já o assalto mourisco de Granada.

Cervantes contou seu périplo com gênio e engenho. Escritores e pintores de escol parecem assinar-lhe todas e cada uma das frases ou pinceladas, rubricando-as com a indelével marca do estilo. Ortega y Gasset reprovou a El Greco a genialidade, o inimitável estilo, e elogiou a Velázquez: "Tinha a elegância de não assinar os quadros." Pintores e escritores, dentre os melhores, escrevem e pintam o ditado de singular música. Cervantes escreveu com feminina ambigüidade, com a simplicidade com que Colette usou a pena cervantinamente. Pressagiou a romancista francesa que no xadrez — "não é 'como' a vida, e sim a própria vida" — Judit Polgar conseguiria, aos quinze anos e cinco meses, o título de mais jovem "grande mestre internacional". Outra mulher, chinesa, Xie-jun, pôs fim ao monopólio da antiga URSS do título mundial feminino. A primeira campeã do mundo desse jogo, Vera Menchik, defendeu sucessivamente as cores da Tchecoslováquia e da Inglaterra, cortando raízes e aumentando conhecimentos. A História rascunhos faz no tabuleiro, e às vezes as peripécias saem de mãos dadas com acontecimentos, revoluções ou impensáveis gambitos.

Cervantes convencido estava de ter posto entre o machado do verdugo e a própria mão suficientes léguas. Roma alçou-se como porto e refúgio. Miguel pensou, com razão, que as autoridades romanas com a justiça espanhola não colaborariam. Tensões e antagonismos havia entre os dois baluartes do cristianismo: Roma e Madri.

Para muitos romanos os espanhóis eram suspeitos cristãos. Cristãos recentes ou adaptados. O povo romano insultava-os com racial discriminação. Das muralhas, após o saque de Roma, os terços espanhóis foram xingados: "Giudei, marrani, hispani."

Júlio II, papa e senhor de Roma, resumiu as italianas queixas: "Os espanhóis são blasfemos e heréticos, malditos de Deus." Espalhafatosamente, o papa eco fazia à afirmação de Erasmo: "Não há praticamente cristão em Espanha."

Cervantes logo soube da opinião que merecia por ser parte do povo espanhol. Descreviam os romanos aos espanhóis como arrogantes, presunçosos, altanados, grosseiros e briguentos; para aqueles praticavam estes ridículos e soberbos protocolos e regras de conduta. "Fazer as coisas à espanhola" equivalia a exceder os limites em presunção e altivez. Pouco valorizavam a inteligência do espanhol. Tão pouco, que séculos depois ainda vigiam lendas. Quando Rossini via um hispânico, efusivamente o abraçava. Um dos amigos perguntou-lhe pela razão do comportamento, e o genial músico respondeu: "Abraço-o de pura satisfação: por fim encontro alguém mais idiota que um italiano."

Preconceitos e apreensões resvalavam sem arranhar Cervantes. Desde o primeiro momento simpatia pela cidade teve, e não apenas porque nela podia "viver a mancheias", sem machado no horizonte.

Buda e Confúcio tinham-lhe interessado desde Sevilha. De idêntica estatura moral e filosófica, formaram para ele com Sócrates prodigioso triunvirato do século V a. C. Na hora da morte — curiosamente com poucos meses de diferença — ambos tiveram breves palavras sobre a degradação da energia, o que hoje chamaríamos lição de entropia. Com estas palavras formulou-a Confúcio:

"É preciso que a montanha pereça e ceda a viga mestra."

E Buda, mais concreto, com estas:

"Tudo o que ganha forma um dia será destruído."

Sentimento compartilhado por Cervantes e, dois milênios depois, pela termodinâmica. Para escapar da entropia, ainda não definida, Cervantes teria podido pensar na lição de Confúcio: "Deves ajudar apenas a quem seja semelhante a ti."

No *Persiles* recordou a chegada a Roma, "rainha das cidades e senhora do mundo", e a boa acolhida dos judeus Zabulão e Abiud, que o levaram à primeira pousada, perto do Arco di Portogallo. Soneto dedicou à urbe de sinfônico corte, no qual celebra a "poderosa, sacrossanta, grande... alma cidade de Roma". No segundo quarteto diz:

Tua vista, que à tua fama se adianta,
suspende o espírito, divino embora,
daquele que a adorar-te vem agora
com terno afeto e com desnuda planta.

*[Tu vista que a tu fama se adelanta / al ingenio suspende, aunque divino / de aquel que a verte y adorarte vino / con tierno afecto y con desnuda planta.]*

Nada de mal podia suceder-lhe em Roma, ou, em todo o caso, nada que em horror ultrapassasse os últimos dias passados na pátria, infestada de juízes, guardas, aguazis e corta-mãos.

Cervantes encontrou na cidade muitos romanos semelhantes ao dançarino Getino ou ao professor López de Hoyos.

Má fama, porém, tinha Roma entre literatos espanhóis. Poeta houve que escreveu:

"A mentira, a adulação, a má-fé, o embuste tão avizinhados se acham em Roma, que toda a gente come e dorme com eles... não há um real, e há cem mil vigaristas. Está tudo tão mal e corrompido, que sem dúvida há de ser mau homem quem ali se achar bem."

A Cervantes não importou ser "mau homem". N'*O bacharel Vidraça*, a contrapelo dos compatriotas outra melodia cantou:

"Visitou [Tomás Rodaja] os templos [de Roma], adorou-lhe as relíquias e admirou a grandeza... as ruas, que pelo simples nome cobram autoridade sobre todas as das outras cidades do mundo: a Via Apia, a Via Giulia... a tudo olhou e notou e gabou."

Quão longe estava Cervantes do escandalizado Gálvez de Montalbo:

"As ruas de Roma, cheias de putanas, casadas e por casar; doze mil estão na lista, dadas ao diabo, e quase não há quem lhes olhe a cara."

Cervantes, ao invés, pôs na boca da personagem capitão Diego de Valdivia:

"Pôs os louvores no céu da vida livre... e da liberdade da Itália."

A excitante e tremenda aventura do desterro permitiu-lhe analisar as duas culturas — espanhola e italiana — e cotejar grandezas e misérias, contradições e maravilhas. Gozou como forasteiro e exilado do privilégio de perceber o que escapava à perspicácia de bairristas, nacionalistas e patrioteiros. Exílio como etapa de gestação espiritual. Lar do escritor, do artista, situado em todas as partes, mas em nenhuma radicado.

Gálvez de Montalbo, como tantos compatriotas espanhóis, arremeteu contra os costumes romanos:

"Trata-se a sodomia em Roma com menos recato, muito menos que comer um ovo na sexta-feira."

Em Madri pensara Miguel que lhe exigiam a inumação dos arrebatamentos e quimeras. Como desejava o destino dos rebeldes!

# 44

Pouco antes de chegar à Cidade Eterna, conheceu Cervantes o mui jovem efebo Giulio Acquaviva y Aragon, monsenhor italiano com apenas um ano mais que Miguel. Meses antes o papa enviara-o como embaixador plenipotenciário às honras fúnebres pela morte do filho de Felipe II, dom Carlos. Na passagem por Aranjuez descobriram os puritanos aduaneiros do rei o conteúdo dos baús de Acquaviva:

"Cinco dúzias de luvas perfumadas de âmbar e essências de flores, uma véstia perfumada de âmbar; uma dúzia de meias de seda femininas... e outros trajes e adereços de sua pessoa e criados."

Feminis vestes com que se exibia privadamente o singular cardeal.

No rol os aduaneiros insistiram além da conta, e grosseiramente, nos perfumados atavios e femininos objetos do jovem monsenhor, com mais malícia que delicadeza, com mais ódio que caridade cristã. Por alto tampouco passaram as elegantes e delicadas maneiras de Acquaviva. Um cortesão de Felipe II escreveu:

"É um moço de quem se pode esperar muito serviço..."

Em outra carta comunicou ao rei:

"Não poderia nomear Sua Beatitude o Papa pessoa que com mais vontade fosse beijar as mãos de Vossa Majestade."

"... Pelo menos", pensou o vassalo. A outras efusões, mais voluptuosas, referiu com malevolência e má-fé Mateo Alemán. Afirmou em *Ortografia castelhana*:

"Certo príncipe da Igreja... vindo de parte de Sua Santidade o Papa... tanto gostou de alguns finos cortesãos que com curiosidade lhes granjeava a amizade, e tão familiar se fez, que não apenas se sentia honrado de tê-los na pousada e levá-los no coche mas também, convidando-os a refeições, lhes dava liberalmente a mesa e prodigalizava muitas particulares mercês."

Não se sabe se Cervantes foi um dos agraciados rapazes madrilenos que atrás da cortina do coche o legado pontifício galantemente acariciou, mas, desterrado, topou na santa cidade com o perfumado jovem Acquaviva. Este convidou-o a mesa e alcova, sem necessidade de cortinas. Introduziu-o no quarto e deu-lhe o título de *camariere*.

N'*A Galatéia* recordou Cervantes:

"[...] sendo eu seu camareiro em Roma."

Muito progrediu na lista dos papáveis o noviço monsenhor italiano. Subindo degraus de esclesiástica carreira, aos vinte e quatro anos já era cardeal. Que poderia impedir-lhe alcançar o mais alto trono? Acquaviva santo padre! Alguns dos seus amigos romanos de noites incontinentes teriam rido — talvez às gargalhadas — de dar-se a suma ascensão. Os mais conhecedores comentaram:

"Coisas mais estranhas se viram na Santa Sé, onde nem sequer faltou uma papisa."

Como "camareiro" deveres teve Cervantes, detalhados pelo livro de cozinha de Roberto de Nola, de 1519, guia e completo vade-mécum sobre o ofício:

"Tem de estar presente ao deitar-se e ao levantar o senhor... quando o senhor deseja repousar ou descansar na cama, o camareiro tem de estar a seu lado, sempre [...] deve ter a cama feita, limpa, arrumada."

Muito deu que fazer a alguns austeros cervantistas essa ocupação, mas não ao próprio Cervantes, que com louvor a exerceu. Dormiu junto com o cardeal, como exigia o serviço, "perfumando-lhe os lençóis e travesseiros, esvaziando-lhe o urinol, umedecendo-lhe com almíscar os lenços".

Dispunha Acquaviva na mansão de duzentos empregados, criados e vassalos. Ocupou Cervantes posto muito modesto — só os pajens exerciam função mais humilde que a sua. Mas, intimamente ligado ao serviço noturno, o jovem monsenhor considerou-o o primeiro dentre os criados. Enrabichado pelo espanhol, Acquaviva de início passou por cima da primeira exigência da lei: a informação sobre a limpeza de sangue do serviçal espanhol. Jurou-lhe Cervantes que não havia entre os trinta e dois milhões e tantos de antepassados que em sete séculos lhe tinham precedido nem gota de sangue judeu nem mouro, pois cristão-velho era "de toda a vida".

Afeiçoado, Acquaviva, para poder conservar o atraente servidor, engoliu o conto da carochinha de Cervantes. Não obstante, pressionado pelas autoridades, o "camareiro" teve de solicitar a informação inquisitorial requerida a Madri.

A mãe de Miguel, Leonor de Cortinas, e a filha Andrea a carta do prófugo receberam, e conseguiram informe de limpeza de sangue brilhante como o sol. Nem hemoglobina judia nem leucócito mouro se lhe encontravam no sangue, tão transparente como a "fidalguia", que significava ser *filho de algo*. Sua velocidade de sedimentação corria como cavalo godo, e os glóbulos vermelhos de vermelho tinham apenas o nome, pois puros eram como a Imaculada Conceição. Como os pais, avós, bisavós, trisavós e tetravós, Cervantes era, dizia o certificado, cristão-velho desde o parto, antes do parto e depois do parto.

Modelo no gênero, o informe parido por mãe e filha com ajuda de advogados amigos. Pondo uma vez mais o surdo pai em representação silenciosa, em 22 de dezembro de 1569 rubricaram o *tour de force*, pedindo ao bacharel Duarte de Acuña, tenente corregedor da cidade, a firma panacéia. Molharam a mão do conquistado corregedor, mas as três testemunhas nem de bálsamo nem de propina precisaram. Incondicionais de Miguel, admiradores de seu porte e graça, aplaudidores até de seu ceceio: Alonso Getino de Guzmán, o enrabichado dançarino; Pierro Bocchi, negociante italiano e leal de Andrea, e por fim o não menos italiano Francesco Musaqui, tão apegado a Andrea como o compatriota. Os três, a entoar o mesmo refrão, transformaram Cervantes em "cristão-velho", garantindo e jurando por tudo quanto é mais sagrado que conheciam Cervantes havia oito anos.

N'*O colóquio dos cães*, Cipião comenta com Bergança:

"Os senhores da terra são mui diferentes do Senhor do céu. Aqueles, para receber um criado, primeiro lhe esquadrinham a linhagem."

Os senhores de Roma esquadrinharam a linhagem de Cervantes e tranqüilizaram-se. Com informe nos escritórios, deixaram que Acquaviva conservasse o castelhano camareiro e com ele se divertisse.

Em orgias e frenesis pôs todas as complacências esse cardeal travesso, incapaz no entanto de, olhando-se no espelho, gritar: Viva a desordem!

# 45

Quanto tempo suportar poderia Cervantes, aos vinte e dois anos, o serviço de "camareiro"? A regra exigia "o máximo respeito ao senhor [...] ante o qual deve humilhar-se". Humilhação a companheiro de *gaudeamus* com apenas um ano de idade mais. Obdiência perfumada de servilismos e submissões logo insuportáveis. Encanto de inicial paixão arruinada por rotina de cotidianas relações.

Dormindo sob o teto de Acquaviva passou quase um ano, encostado ao leito do senhor, antes de pressentir do romance o final.

Roma era, porém, admirável cidade, lugar ideal para amorosos fastos com que teria sonhado Sigismunda:

"Viveu em companhia do esposo, Persiles, até que os netos lhe alongaram os dias."

O futuro escritor não ambicionava nem desejava os dias de "camareiro" prolongar. Convencido da necessidade de ir-se, planejava escapar, escapar e correr mundo, sem o peso do serviço ao príncipe da Igreja.

Preocupava em palácio a ameaça turca. Monsenhor Acquaviva considerava-a "tremenda". "Terríveis pesadelos" angustiavam as noites do próprio papa Pio V. Neles via ameaçadores, membrudos e suarentos turcos assaltando seu próprio aposento.

"Selvagens infiéis" incapazes de respeitar o mais íntimo do santo padre. Em amotinar a cristã Europa sonhava o papa; pactuar com os turcos, todavia, foi a opção francesa. Pusilânime, Felipe II temporizava. Quando o Sumo Pontífice o fustigava e instava, vagas e aparentes medidas bélicas tomava. E Veneza, "égua libidinosa", capaz era de trair na primeira ocasião e com o infame pactuar.

Pio V e os príncipes da Igreja, com que se banqueteava Acquaviva, imaginavam turcos de opereta e chavão. Nômades irresistíveis, mongóis devoradores de meio mundo, selvagens a comer e fornicar a cavalo. Em sua recordação e pânico trotava ainda o cavalo de Mohamed Fatih entrando na basílica de Santa Sofia de Constantinopla. Aos vinte e um anos, conquistara o inconquistável; por isso o tinham alcunhado de o Conquistador. As ferraduras do cavalo, redobrando no mármore da basílica cristã, haviam anunciado o alvorecer da Idade Moderna. Cheio de audácia, Mohamed aos vinte e um anos entrou para a lenda levando o próprio Maomé como de suas virtudes arauto. Vislumbrando de longe a inacessível e cristã Constantinopla, um dos conselheiros advertiu-lhe:

"— Ninguém poderá submeter essa cidade."

Perguntou-lhe Mohamed:

"— Qual é o lugar sagrado por excelência dessa cidade inacessível?

"— A basílica de Santa Sofia" — respondeu o conselheiro.

Impelido pela graça juvenil, forçou a cavalo o templo mais sagrado da mais inacessível cidade.

Viveu Bizâncio os últimos anos de decadência protegida por manto de pudico respeito. O desrespeitoso jovem soberano otomano acabou com ela, a cavalo, em 29 de maio de 1453, terminando a um tempo e de supetão a Idade Média, como vítima de infarto.

ALEXANDRIN·ORD·PRÆDICAT
PONT·OPT·MAX·ÆT·SVÆ
LXIII
PONT·SVI·AN·II·MDLXVI
PIVS·V·GHISLERIVS

*O papa Pio V*

Para Acquaviva e amigos, especialistas no tema, todos os vícios o turco ensombreavam, e nenhuma virtude o adornava Assustados, deixavam correr a imaginação por margens de ignorância discriminatória.

Para Cervantes não eram os turcos como os pintavam. Em verdade, protegidos por antiga fama, viviam de restos de lendas. Cardeais e príncipes da Igreja conseguiam ignorar que ao invencível Mohamed sucedera o filho Velibayezid II. O Conquistador concebera um religioso, o Santo. Incapaz, destronou-o o terceiro filho de Mohamed, Selim I. Sem dor nem glória entrou para a História, embora fosse conhecido em seu país pelo cognome o Temível. Só se mostrava feroz, entretanto, contra os que o rodeavam. Assentado sobre o turbante do pai, perder fez a cabeça a boa parte da família... a golpe de cimitarra. Nomeou-se chefe religioso e político do islame, pela simples e pouco contestável razão de ter aprisionado o último califa abássida. O Ocidente não soube do acontecimento nem da anexação de Síria, Egito e Curdistão. O filho de Selim I, tendo-se por magnífico, fez-se chamar Solimão, o Magnífico, precisamente. Quarenta e quatro anos reinou a partir de 1520. Aliado ao francês Francisco I, lutou contra a casa da Áustria. Ogro muçulmano de pesadelos cristãos, em verdade com ele o Império turco a razão de ser perdeu.

As capitulações entre o rei cristão Franscisco I e o Grão Turco significaram o final da grande ameaça. A sombra de Deus na Terra transformou-se em negociador de tratados. Nada obstante, o friorento Ocidente cristão tachou de "escandalosas" tais capitulações.

Solimão submeteu Bagdá, o Iraque, Belgrado, Buda (a metade de Budapeste), mas incapaz foi de dobrar a concubina russa, Roxelane. Acabou casando-se com ela, para escândalo dos próprios soldados. Iniciou com o matrimônio etapa do Império turco, com favoritas e cortesãs a intrometer-se nos assuntos do

*Selim III, sultão da Turquia*

sultão dos sultões. Não copulava com elas a cavalo, como os antepassados, mas em olorosas almofadas de harém. Solimão fez-se chamar "o distribuidor das coroas do universo, o soberano dos soberanos, o senhor absoluto"... quando o harém se confundiu com o Estado.

Distante Constantinopla, que tanto interessou a Cervantes; nela poderia haver terminado seus dias. O bei de Argel exigiu o exorbitante resgate de quinhentos escudos de ouro por sua libertação (mero arcabuzeiro, soldado raso), com a esperança de levá-lo para Constantinopla e viver com ele eterna lua-de-mel.

Afirmavam alguns que contava Constantinopla 700 mil habitantes; maior cidade do planeta e centro de império de 35 milhões de almas. Almas administradas por "renegados de todas as religiões", em postos de responsabilidade. O próprio bei de Argel era em verdade cristão nascido em Tirana, atual Albânia.

Ao palácio de Acquaviva chegaram ecos do Vaticano. Pio V, cada dia mais atemorizado, quis fazer frente à "terrível" ameaça turca com "cruzada". A armada vaticana e a espanhola deviam reunir-se em Nápoles para ao ataque passar. Com promessas, porém, o filho de Solimão fazia Felipe II hesitar. Em verdade, como observou Cervantes, Felipe II comprometeu-se moderadamente com o papa, preocupado que estava com a insurreição nas Alpujarras.

Quando Cervantes rompeu com Acquaviva, Selim II reinava em Constantinopla havia quatro anos. Ao filho do Magnífico, o herdeiro do Conquistador (Yildirym ou Yavuz), chamaram Mest: o Ébrio. O ruim das alcunhas, como dos prêmios, não é carregá-las, mas merecê-las.

Os triunfos do Ébrio não coroaram feitos guerreiros. Não herdou a tradição de conquistadores turcos a cavalo em bosques da Ásia setentrional, ou em estepes da Ásia central, ou em planícies da Ásia Menor. Seu triunfo foi a arquitetura — a construção da mesquita de Sedirna-Sinã, de cúpula mais alta e maior que a da ex-catedral de Santa Sofia. Selou com ela a definitiva perda da identidade nômade. Imerso em aprazível vida sedentária, o Ébrio pelo sibaritismo se deixou levar.

As escaramuças que ainda provocavam "renegados" turcos no leste do Mediterrâneo insuflavam um Ocidente cristão mantido ebuliente por incendiárias diatribes. O papa encarregou-se de atiçá-las, e Veneza de servir de caixa de ressonância.

Selim, o Ébrio, mais que olhar para o Ocidente, observava dolorosamente a guerra que lhe fazia o czar de todas as Rússias. Receava não conseguir manter por muito tempo a seu serviço as leais tribos do reino da Criméia. Os súditos do império insurgiam-se, e as tribos anatólias e xiitas sublevavam-se, em franca rebelião. Intuiu o ébrio Selim que nessas terras estava em jogo a grandeza do Império Otomano. Evidência que não compreenderam os cristãos do Ocidente.

Acquaviva, como os demais monsenhores romanos, temia as "chicotadas do açoite da cristandade". Malta parecia ameaçada, e Chipre muito mais, como diz Shakespeare em *Otelo*. A ilha, boca de lobo, parecia puro anacronismo. Cristã, porque veneziana, em verdade era porção de terra cercada de costas otomanas por todos os lados. O cura d'*O Quixote* reconhece:

"Tinha-se por certo que o Turco descia com poderosa armada, e nada se lhe sabia do desígnio nem onde havia de descarregar tão grã ira. E com esse temor [...] estava toda a cristandade."

Ainda decidido a tirar o espinho cravado na própria carne, Selim, mais pusilânime ainda que Felipe II, permaneceu ancorado na irresolução desde a chegada ao poder, em 1566. No império gritavam os agitadores: "Chipre otomano!" Inteirado da ofensiva mourisca em terras hispânicas, decidiu Selim as exigências radicalizar. Quatro anos depois de chegar ao poder, julgou chegado o momento de tomar a ilha sem represálias espanholas temer... mas sem precipitação. Para isso reforçou durante o inverno de 1569-1570 a armada do Mediterrâneo. Para o papa tais preparativos significavam a invasão do Ocidente pelos otomanos na primavera de 1570.

Precisamente nessa primavera Miguel de Cervantes tomou a decisão de deixar o apaixonado mas insuportável amigo e senhor. Sem dinheiro nem ocupação, estrangeiro, apenas arranhando o italiano, preferiu a liberdade à rotina.

Chegou de Veneza a Roma a notícia de que A Porta exigia pura e simplesmente a ilha de Chipre. Em nome de históricos direitos! O Senado de Veneza rechaçou a reivindicação por cento e noventa e nove votos a vinte e um. Surpreendeu que a unanimidade não se tivesse dado, quando todos afirmavam desejar morrer por Chipre.

O tenebroso episódio da História irrompeu a súbitas no destino de Miguel de Cervantes; enquanto isso, atormentado pelo papa, Felipe II mandou de má vontade reforços para a defesa de Nápoles e da Sicília.

Já não podendo tolerar o monsenhor, em junho de 1570, Cervantes, fulo de raiva, deixou para sempre o enjoativo quarto. Não compreendeu o delicado Acquaviva por que o amigo, com que tão boas noites passara, tão abruptamente o abandonava.

Arrebatamento algum impeliu Cervantes a ir para a guerra; fê-lo, como escreveu, "a necessidade". A comunidade de homens do exército parecia convir-lhe, e, como homossexual espanhol dos anos 50 alistando-se na Legião para causar ciúmes ao velho amigo, engajou-se nas tropas cristãs. Ato suicida de jovem que nada tinha que perder, mas muito que ganhar:

Para a guerra me leva
a necessidade;
se tivesse dinheiros,
não fora em verdade.

*[A la guerra me lleva / mi necesidad / si tuviera dineros / no fuera en verdad.]*

Cervantes não dava a mínima para a ilha cravada no regaço da Ásia Menor e disputada por Veneza e pela Porta.

Três armadas acorreram: a veneziana, a vaticana e a espanhola. Cervantes teria podido combater em qualquer delas, mas fê-lo "sob as vencedoras bandeiras daquele sol da milícia". Ou seja, Marco Antonio Colonna, almirante italiano das galeras do papa. Por razões óbvias não podia, não quis combater no seio da armada do rei de Espanha... ao qual um braço devia. Na época a beligerante operação chamava-se "empresa marítima contra os turcos".

Muito gostou Cervantes dos uniformes militares: correames e arreios diversos luziam com tantas cores, que se dizia que os soldados se vestiam de papagaio. O jovem Cervantes, de papagaio uniformizado, não fez feio na tropa. Como tampouco fizera feio com o vistoso uniforme de camareiro no palácio de Acquaviva.

O arcabuzeiro Cervantes imaginou frutas que ninguém provara, em alforje metidas de mistura com degradações e amoricos.

# 46

Miguel de Cervantes, após escapar do palácio de Acquaviva, chegou a Nápoles:

"Saí de Roma em tempo de mudança com uma insana canícula que cuspia fogo. Era mês de junho de 1570, mal e daninho para todos os que nele saíam de Roma e, como eu, teriam de caminhar por terra até Nápoles. Pesava-me sobre a consciência a superstição de que o forte estio provocava a morte quase certíssima do caminhante."

Chegado ao destino, Cervantes começou, após quatro dias de marcha, "a existência de soldado". O alferes na porta do quartel de alistamento fincara bandeira para envolver os mais ousados e os mais pobres.

"A petizada, curiosa, pulava em derredor dos recrutas, as mulheres admiravam as plumas dos chapéus e os bizarros trajes dos soldados."

O "capitão de conduta", que tão ruim tinha, oferecia mundos e fundos aos valentes que as armas abraçassem. Sem pensar duas vezes, Cervantes agarrou pelos cabelos a oportunidade de "comer quente e debaixo de teto" e enterrar para sempre a libré de camareiro. Não sabia ainda Cervantes que "não há ninguém mais pobre na pobreza mesma que o soldado, porque está sujeito à miséria do soldo, que chega tarde ou nunca".

N'*O bacharel Vidraça* Cervantes se refere à vida inquieta do soldado:

"A autoridade dos comissários, o descontentamento de alguns capitães, as excessivas exigências dos oficiais de acantonamento, a manha e as contas dos pagadores, as queixas das aldeias, a insolência dos jovens recrutas, a obrigatoriedade de equipagem supérflua e, finalmente, a necessidade quase precisa de fazer tudo aquilo que notava e mal lhe parecia [...] a estranha mania daquelas marítimas moradas onde a maior parte do tempo os percevejos maltratam, os forçados roubam, os marinheiros irritam, os ratos destroem e as malas fatigam [...] do frio das sentinelas, do perigo dos assaltos, do horror das batalhas, com outras coisas desse jaez que alguns tomam e têm por contrapeso da vida do soldado mas são seu fardo principal [...]."

N'*O Quixote* afirmou que o soldado "vive de expedientes, com notável perigo de vida e de consciência; e às vezes costuma ser a nudez tanta que um casacão todo furado de golpes de espada lhe serve de gala e camisa, e no meio do inverno se costuma reparar na inclemência do céu, estando em campo raso, com só o alento da boca, que, como sai de lugar vazio, tenho por averiguado que deve sair frio contra toda a natureza".

Soldado raso, arcabuzeiro, armado ia Cervantes de espada, que podia sacar para defender-se em última instância; levava também bolsa de balas, saca-trapos, sílex, fuzil de pederneira e rascador. Desfilava com o arcabuz no ombro, arma que tinha consigo nas horas de sentinela ou plantão. Era o arcabuz fuzil de madeira com cano de ferro. O soldado disparava após acender a pólvora com a mecha, apoiado o mosquete na forquilha.

Na segunda parte d'*O Quixote* Cervantes afirma que alguns franceses do séquito do duque de Mayenne lhe perguntaram pela profissão, título e idade:

"Vi-me obrigado a dizer que era velho soldado fidalgo e pobre."

Cervantes foi designado para a galera *Marquesa*. Teria tido de lutar no esquife, a estibordo. Iam no navio uma trintena de

*Marco Antonio Colonna, comandante das forças pontificais na época da batalha de Lepanto*

soldados, pouco mais de uma dúzia de marinheiros, um mestre de remos, um mestre de artilharia, um barbeiro-cirugião! um mestre de velas e enxárcias, um sota-comitre, um comitre, um piloto e um capitão. A poder de pulso, faziam vogar a galera uns setenta galeotes, todos prisioneiros condenados a remar ou escravos tomados ao inimigo.

Engajado, Cervantes passou muito tempo em Nápoles, cidade que cantou em *Viagem ao Parnaso*:

> Esta cidade é Nápoles, a ilustre,
> cujas ruas pisei por mais de um ano;
> da Itália glória, e do mundo lustre,
> pois de quantas cidades ele encerra
> nenhuma pode haver que assim o ilustre.

*[Esta ciudad es Nápoles la ilustre, / que yo pisé sus ruas más de un año; / de Italia gloria, y aun del mundo lustre, / pues de cuantas ciudades se le encierra, / ninguna puede haber que así le ilustre.]*

A Liga Perpétua contra o Turco e seus Reinos Tributários, Argel, Túnis e Trípoli foi criada nesse mesmo ano; não faz muito tempo renasceu qual fênix das cinzas para lutar, desta vez, contra o Iraque. O rei Felipe II nomeou generalíssimo dom Juan da Áustria; Veneza, o general Sebas Veniero; e o papa, o almirante Marco Antonio Colonna. Dom Juan da Áustria, bastardo de Carlos I, pôs-se às ordens da invencível armada católica em 6 de junho de 1571. O irmão, Felipe II, beijou-o ao despedir-se, após dar-lhe conselhos, instruções e recomendações. Deteve-se o grande capitão no santuário de Montserrat, no dia 16, para à Virgem Maria encomendar-se.

Em 20 de agosto de 71, com Cervantes a bordo, a armada saiu de Nápoles, pelo "invencível" chefe dirigida. Quatro dias depois chegou a Messina, sítio de concentração dos aliados. Cinqüenta anos depois Lorenzo Vander Hammen y León escreveu em *Dom Juan da Áustria*:

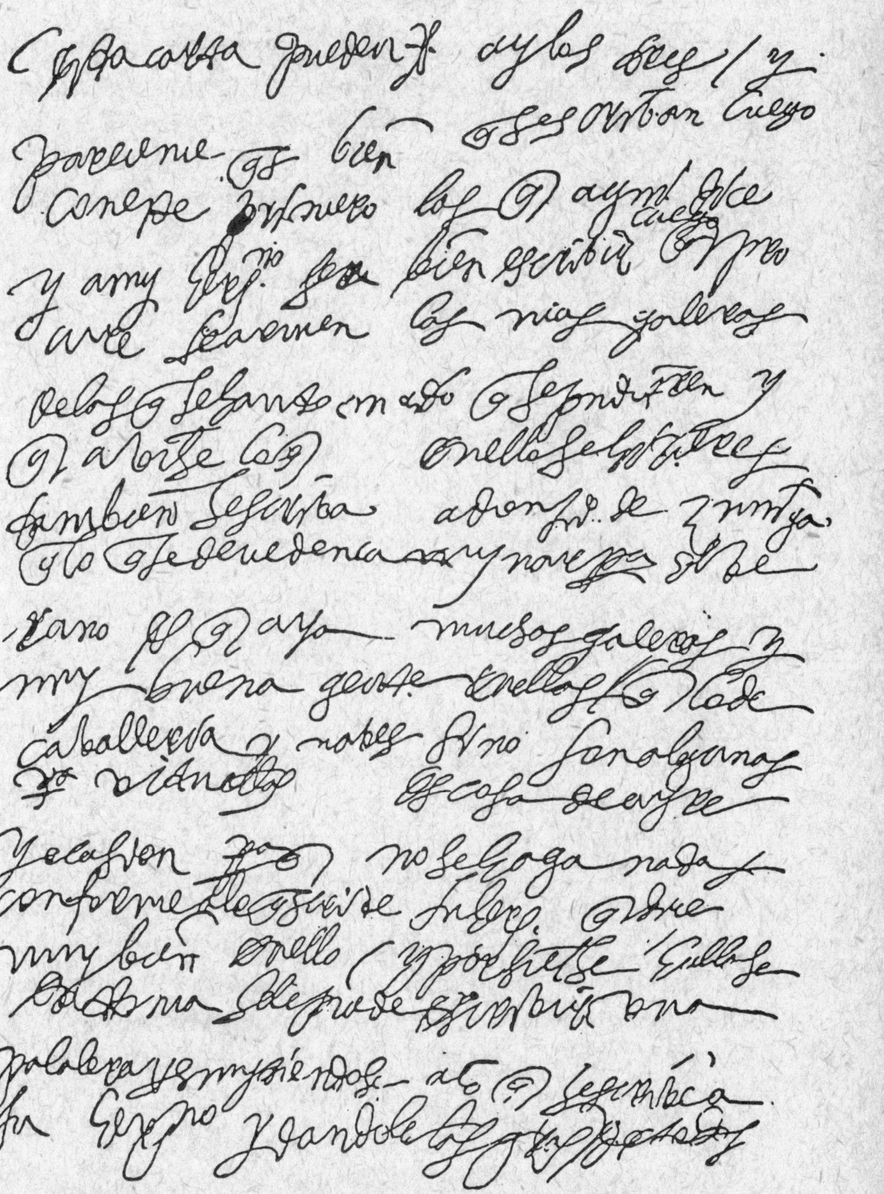

*Após a vitória de dom Juan da Áustria em Lepanto, Felipe II escreve-lhe algumas linhas, cuja sintaxe e ortografia deixam muito que desejar.*

"Esta carta podem ver aí os três, e parece-me bem que se escrevam logo com este primeiro as que aqui diz e a meu irmão será bem escrever logo que procure se armem as mais galeras das que se tomaram que se puderem e que avise o que nisso se fizer; também sescreva a dom Júlio de Zuñiga que o que se deve dencaminhar para O verão é que haja muitas galeras e mui boa gente nelas, que o de cavalaria e naves se não são algumas poucas vitualhas é coisa de ar e ocasião para que não se faça nada, conforme ao que escreve seu irmão que diz mui bem nisso, e por se ele se achara em Roma se pode escrever uma palavra remetendo-se ao que se escreve a seu irmão e dando-lhe agradecimentos por tudo."

*Tradução da carta de Felipe II a dom Juan da Áustria*

"Estavam as ruas vestidas de brocados e estofos; as janelas, cheias de damas de formosura e riqueza ataviadas; a praça, povoada de milícia. Passou o generalíssimo acompanhado dos senhores e gentis-homens, suntuosamente trajados e luzidos com librés e cruzes, mostrando cada um com emulação e rivalidade a grandeza da casa e a excelência da nação. Chegou já de noite, com luminárias e fogos que a tornavam dia claro."

Espantado, Cervantes comprovou a magnitude da armada espanhola; noventa galeras reais, além de cinqüenta fragatas e bergantins e vinte e quatro naves. O papa colaborou com doze galeras e seis fragatas, enquanto Veneza entrou com seis galeaças e vinte fragatas, e seis galeras venezianas.

Os habitantes de Messina, mudados em espectadores, contemplaram a impensável armada, com milhares de marinheiros, milhares de remadores e cerca de trinta mil soldados. Destes apenas cinco mil provinham da República de Veneza, e somente dois mil da armada vaticana. E entre eles, Miguel de Cervantes e Saavedra.

Ninguém sabia onde estava a armada inimiga. Na primeira semana de setembro os mais informados tinham opiniões divergentes. Sem embargo, o chefe espanhol decidiu zarpar de Messina para Corfo.

A frota da Liga era muito mais poderosa que a armada de Ali Paxá, o almirante turco: tinha o dobro, ou mais, de embarcações. Em 7 de outubro Juan de Áustria deixou Corfo, zarpando para vitória.

Ao passo que a armada cristã se aproximava do local da batalha, Miguel sentia-se mais doente. Com febre e constantes vômitos, encolheu-se debaixo do convés, ajudado pelo irmão, Rodrigo. O capitão da *Marquesa*, o italiano Francesco Sancto Pietro, lamentou a deserção. Fazia parte o navio da ala esquerda da frota, e estava destinado a desempenhar importante papel na batalha; todos os homens eram necessários.

Muito se escreveu sobre a atitude e comportamento de Cervantes durante a batalha. Quase sem exceção, para elogiar-lhe a intrepidez, a coragem, a tenacidade... "ainda que mal se agüentando em pé".

Em verdade, o quase-desertor Miguel disse de si para si em Lepanto, como o poeta: "Não nasci para ser esqueleto."

# 47

A *Marquesa* distinguiu-se particularmente na batalha de Lepanto. Os turcos mataram mais de quarenta homens dela, entre os quais o próprio capitão Sancto Pietro.

"E onde é certo que a gente e soldados das galeras não estavam ociosos; as mãos afainavam-se, e isso porque os inimigos eram muitos e destros em luta naval."

Foi nessa batalha que, segundo os historiadores, decididos a fazer Cervantes herói militar, este recebeu duas arcabuzadas no peito. Na *Epístola a Mateo Vázquez*, Miguel afirma:

"Presente esteve minha pessoa ao feito [Lepanto] mais de esperança que de ferro armada."

A batalha de Lepanto durou quase o dia todo. A *Marquesa*, na ala esquerda, combateu a batalha inteira, se bem seja certo que o centro decidiu a vitória.

N'*O Quixote* Cervantes conta a batalha com realismo desprovido de heroísmos:

"Vejamos se lhe iguala ou ultrapassa o de investirem-se duas galeras, proa contra proa, no meio do mar espaçoso; uma vez cingidas, cravadas uma na outra, não resta ao soldado senão o espaço de dois pés na prancha do esporão; e ademais disso ele vê que tem diante de si tantos ministros da morte a ameaçá-lo quantos canhões de artilharia da parte adversa a bombardeálo de distância menor que uma lança, e apercebe-se que ao primeiro descuido dos pés irá visitar os seios profundos de Netuno e, apesar disso, com intrépido coração, levado pela honra, que o incita, põe-se de alvo de tanta arcabuzaria, e procura passar por tão estreita passagem ao baixel contrário, e o que mais é de admirar: apenas um cai ali donde se não poderá levantar até o fim do mundo, já outro lhe ocupa o lugar, e, se este também cai no mar, que como a inimigo o aguarda, já outro lhe sucede, sem dar tempo ao tempo de sua morte: valentia e audácia como se não podem encontrar em nenhuns transes da guerra."

E, adiante:

"Foram quinze mil cristãos os que nesse dia alcançaram a ansiada liberdade; todos vinham ao remo da armada turca."

Sessenta anos depois da batalha, enfim! Lope de Vega, que tanto exprobrara Cervantes, dedicou-lhe sete versos em *Laurel de Apolo*:

> Na batalha donde o raio austrino
> filho imortal da águia tão famosa
> ganhou as folhas do laurel divino
> ao rei da Ásia na campanha undosa
> a fortuna invejosa
> feriu a mão do grã Miguel Cervantes;
> mas seu engenho em versos de diamantes
> os de chumbo mudou com tanta glória
> que por doces, sonoros e elegantes
> eternidade deram-lhe à memória,
> porque se diga que uma mão ferida
> pôde dar a seu dono eterna vida.

*[En la batalla donde el rayo austrino / hijo inmortal del águila famosa / ganó las hojas del laurel divino / al rey del Asia en la campaña undosa / la fortuna invidiosa / hirió la mano de Miguel Cervantes; / pero su ingenio en versos de diamantes / los del plomo volvió con tanta gloria / que por dulces, sonoros y elegantes / dieron eternidad a su memoria, / porque se diga que una mano herida / pudo dar a su dueño eterna vida.]*

Avellaneda, porém, reprovará a Miguel a disenteria ("bem-vinda para não combater em Lepanto"). Cervantes replicará, sempre ambíguo, referindo-se às "feridas", que desta vez situa... no "rosto"!:

*"Mais ventura tiveram os cristãos que ali morreram que os que vivos e vencedores ficaram [...]. Se meus ferimentos não resplandecem nos olhos de quem os fita, são estimados, ao menos, na estima dos que sabem onde foram recebidos; pois que o soldado faz melhor figura morto na batalha que livre em fuga; e é tal minha disposição de espírito, que, se agora me propusessem e facilitassem algo impossível, preferiria tornar a ver-me naquela ação prodigiosa a ter saradas hoje as feridas [...]. As que o soldado mostra no rosto e no peito estrelas são que mostram aos demais o céu da honra."*

Heróicos soldados de Lepanto... mas também "soldadas". Apesar da proibição do generalíssimo, subiram a bordo das embarcações mulheres. Entre outras, María, a Dançarina. Armada de arcabuz, matou a torto e a direito tal quantidade de turcos, que o próprio dom Juan da Áustria lhe premiaria o heroísmo dando-lhe praça de soldado no terço em que figurava Cervantes: o de Lope de Figueroa.

O porta-bandeira Mateo de Santisteban, a pedido da família Cervantes, declarou em Madri anos depois, em 17 de março de 1578, o que as mulheres da casa desejavam que se dissesse para resgatar o irmão... e filho. Na época Cervantes encontrava-se em Argel como escravo.

NOVELAS
EXEMPLARES
DE MIGVEL DE
Ceruantes Saauedra.

*DIRIGIDO A DON PEDRO FERNANdez de Castro, Conde de Lemos, de Andrade, y de Villalua, Marques de Sarria, Gentilhombre de la Camara de su Magestad, Virrey, Gouernador, y Capitan General del Reyno de Napoles, Comendador de la Encomienda de la Zarça de la Orden de Alcantara.*

Año 

1613.

Cõ priuilegio de Castilla, y de los Reynos de la Corona de Aragõ.
*EN MADRID*, Por Iuan de la Cuesta.

Vendese en casa de Frãcisco de Robles, librero del Rey nro Señor.

*Primeira edição das* Novelas exemplares

"Que sabe e é verdade que, quando se reconheceu a armada do turco na dita batalha naval, o dito mi. de Cervantes estava mal e com quentura e o dito capitão e esta testemunha e muitos outros amigos seus lhe disseram que 'estava doente, e com quentura, e ficasse quieto, em baixo, no quarto da galera'."

Mais ou menos o mesmo declarou, e pelos mesmos motivos, o porta-bandeira Gabriel de Castañeda ante as mesmas autoridades:

"O dito Miguel de Cervantes estava mal, com quentura, e esta testemunha viu que o capitão e outros amigos seus lhe disseram que 'estava mal, e não lutasse e se retirasse para debaixo do convés da galera porque não estava em condição de lutar'."

A dona Leonor de Cortinas, mãe do autor d'*O Quixote*, teria sido bem-vindo em 1579, como para suprir ausências do filho, o Prêmio Cervantes de Literatura. Com os cinco milhões de pesetas do prêmio teria podido pagar, enfim! o resgate de quinhentos escudos de ouro exigido pelo bei de Argel para libertar o escravo Miguel de Cervantes. Quinhentos escudos de ouro valiam duzentos mil maravedis ou cinco mil, oitocentos e oitenta e dois reais, ou seja, tintim por tintim, cinco milhões de pesetas atuais: a exata dinheirama que, por mera coincidência, ganha o premiado hoje.

Culturais intendentes dão ribalta e subsídios a quem já não precisa de nada. Se hoje, ademais de conseqüentes com a tradição de galardoar acomodados famosos, tivessem um mínimo de bom humor e se dispusessem a ironizar os próprios artifícios, premiariam Luis Mariano ou J. Mallorquí, o celebérrimo autor do *Coiote*. Mas não se pode querer o impossível — não há pedir sal ao insosso.

Cerimônia de recuperação, filha da mixórdia, rainha da lisonja ardilosa, celebrada em todos os palcos com o mesmo empenho e perseverança. Cerimônia coroada de louros, prêmios, medalhas, taças, colares e outras quinquilharias. Sabia Cervantes ironizar-se a si mesmo ("eu, poetastro... socarrão"): quando no fim da vida teve de escolher, por reparação e despique, honraria, desdenhou a Ordem da Calatrava e outros Rotarys Clubs ou Academias da Morcela da época para em 17 de abril de 1609, disparatando, solicitar admissão na Irmandade de Escravos do Santíssimo Sacramento. Saborosa malícia de quem como tal vivera... embora não como propriedade do intangível sacramento, mas do "feroz" bei de Argel... sem que edis, guias e principais do país o percebessem.

Cerimônia desde os tempos de Cervantes celebrada por todos os regimes não só com toda a pompa e circunstância como com involuntário humor. Ritual em meio a incenso e confete. Tal mascarada permite a mandachuvas satisfazer, disfarçados de consoladores de desconsolados, a própria ambição e cobiça: manter à margem irreverentes e rebeldes contrários aos princípios fundamentais de padrinhos e prefeitos.

Em 9 de janeiro de 1947 o franquismo, com topete à veneziana, serviu-se do mesmíssimo Manuel de Falla para celebrar a cerimônia. O país em dívida estava com o músico.

Em 1905 ganhara o compositor o direito de estrear no Teatro Real de Madri a ópera *A vida breve*. Por nove anos califas culturais tinham impedido a apresentação com variegados pretextos, dentre os quais a estapafúrdia e humilhante para o músico espanhol exigência de tradução da obra para o italiano.

Falla, cheio dessa "longa história da *Vida breve*", como a definiu Guillermo Fernández Shaw, verdadeiro "calvário", cruzou os Pireneus e viu enfim a obra triunfalmente apresentada em Paris, em janeiro de 1914.

Após a morte do genial gaditano tentou o antigo regime recuperá-lo com faraônico funeral que cruzasse o Atlântico, como Armada Invencível enfim, de Buenos Aires a Cádis. Enfim o "afrancesado" iconoclasta sem palco madrileno, uma vez morto e como prêmio de consolação, voltou, mas para o bolso do povo como efígie das notas de cem pesetas. Espantosa cerimônia de recuperação, álibi e cultural verniz para, a cômodo e com o maior desembaraço, abafar e proibir rebeldes criadores... como nos tempos de Cervantes.

A mãe de Miguel, para resgatar o filho, dirigiu-se aos cabeças da Intendência (não davam a mínima para a sorte de Cervantes no banho de Argel ou para a de Cernuda no México, Distrito Federal) disfarçada de viúva para rebuçar o inapresentável e pusilânime marido. O senhor Rodrigo de Cervantes, "barbeiro", vivendo com medo da própria sombra qual mestre-de-cerimônias de recuperação, servirá ao filho de modelo de incendiário de livros.

Não se queimam livros hoje; por artes de berliques e berloques, faz-se com que passem em branca nuvem os insubmissos, método pulquérrimo, eficaz e asséptico.

Começa a escrever *O Quixote* Cervantes aos cinqüenta e cinco anos em prisão espanhola, "onde toda a incomodidade tem assento", após ter sido perseguido, ultrajado, excomungado e caluniado. Teria encontrado forças para escrever romance tão genial se, protegido de sátrapas, tivesse recebido o Prêmio Cervantes de Literatura? "O quixotismo não é compatível com o sucesso", anuncia o poeta Luis Rosales.

Ao fim e ao cabo, com natural injustiça, néscio conformismo e ciclópicas cerimônias de recuperação, borregueiros e maiorais suscitaram a tranqüila raiva de Cervantes como sempre estimularam rebeldes vocações.

Se no século XVII existido houvesse o Prêmio Cervantes de Literatura, não teria estranhado que o ganhasse Alfonso Fernández de Avellaneda, autor do falso *Quixote*. Cervantes não o teria merecido.

Como se cada instante se enfunasse de porvir enquanto o

tempo quedasse em eterno presente, às portas da morte Cervantes reconheceu, no prefácio das *Novelas exemplares*, que para a Espanha oficial, mais que escritor, "fui soldado muitos anos, e cinco e meio cativo, quando aprendi a ter paciência na adversidade".

Adversidade e fastos a que me referirei na segunda parte deste relato... a não ser que algum Avellaneda se adiante.

Enquanto isso, deixo Cervantes, após Lepanto, sozinho, abandonado, fora da concha, à beira de crepuscular precipício.

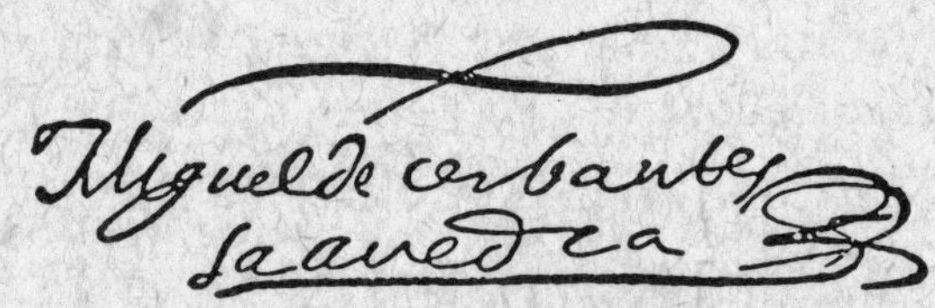

*Assinatura de Miguel de Cervantes*

# CRONOLOGIA

| | CERVANTES | ESPANHA | FRANÇA | INGLATERRA | ROMA | IMPÉRIO OTOMANO |
|---|---|---|---|---|---|---|
| 1547 | Nasce em Alcalá de Henares | Carlos V (nascido em 1500) é rei de Espanha a partir de 1516.<br>Primeiro estatuto de pureza de sangue.<br>Primeiro Índex da Inquisição.<br>Vitória de Mühlberg contra os protestantes alemães | Morre Francisco I.<br>Henrique II sobe ao trono (nascido em 1529) | Morre Henrique VIII.<br>Eduardo VI sobe ao trono (nascido em 1537) | Paulo III, Alessandro Farnese (nascido em 1468), papa a partir de 1534 | Solimão I (nascido em 1494), sultão otomano a partir de 1520 |
| 1548 | | | | | | |
| 1549 | | | | | Por desentendimento com Carlos V Paulo III suspende o Concílio de Trento.<br>Morre Paulo III.<br>Júlio III, Giovan Maria de Chiochi (nascido em 1487), é eleito papa | |
| 1550 | | | | | | |
| 1551 | Parte para Valência | | | | Recomeça o Concílio de Trento. Júlio III suspende o Concílio de Trento | |
| 1552 | | | Aliança com os turcos | | | Tomada de Timisoara e guerra na Hungria |
| 1553 | De volta a Alcalá | | Morre Rabelais | Morre Eduardo VI.<br>Maria Tudor sobe ao trono (nascida em 1516). | | |
| 1554 | Córdoba | Felipe, filho de Carlos V, casa-se com Maria Tudor | Tomada de Bolonha | Restabelece o catolicismo | | |
| 1555 | | | | | Morre Júlio III.<br>Marcelo II, Marcello Cervini (nascido em 1501), é eleito papa.<br>Morre Marcelo II.<br>Eleito Paulo IV, Gian Pietro Carafa (nascido em 1476).<br>Invasão dos Estados Pontifícios pelo duque de Alba | |
| 1556 | Morre Juan de Cervantes (avô de Miguel) | Abdicação de Carlos V.<br>Felipe II sobe ao trono (nascido em 1527) | | | | |

| | | | | | | |
|---|---|---|---|---|---|---|
| 1557 | Morre Leonor de Torreblanca (avó de Miguel). Cervantes instala-se em Cabra | Primeira crise econômica do reino | | | | |
| 1558 | | Morre Carlos V | Derrota de San Quintin | Morre Maria Tudor. Isabel I sobe ao trono (nascida em 1533) | | |
| 1559 | | Felipe II casa-se com Isabel de Valois | Morre Henrique II. Francisco II sobe ao trono (nascido em 1544) | Restauração da Igreja Anglicana | Morre Paulo IV. Pio IV, Gianangelo de Medicis (nascido em 1499), é eleito papa | |
| 1560 | | | Morre Francisco II. Carlos IX sobe ao trono (nascido em 1550). Regência de Catarina de Médicis (nascida em 1519) | | | |
| 1561 | | Madri, capital do reino | | | | |
| 1562 | | | | | Recomeça o Concílio de Trento. | Tratado de paz |
| 1563 | | | | | | |
| 1564 | Mudança para Sevilha | | | Nascimento de Shakespeare | | Derrota de Orão. |
| 1565 | Luisa de Cervantes entra para convento em Alcalá de Henares. Morre Lope de Rueda | Revolta dos Países Baixos | | | Fim do Concílio de Trento Morre Pio IV. Pio V, Antonio Ghislieri (nascido em 1504), é eleito papa. Antigo inquisidor geral (1558) | Derrota de Malta |
| 1566 | Mudança para Madri | | | | | Morre Solimão I. Sobe ao trono Solimão II (nascido em 1524) |
| 1567 | Primeiro poema | | | | | |
| 1568 | Aluno de Juan López de Hoyos | Morre dom Carlos. Guerra das Alpujarras | | | | |
| 1569 | Processo de Miguel. Fuga para Roma | | | | | |
| 1570 | Entra para o serviço do cardeal Acquaviva | | | Mary Stuart é presa | Excomunhão de Isabel da Inglaterra. Santa Aliança de Veneza e Espanha contra o Império Otomano | Ocupação da ilha de Chipre |
| 1571 | Participa da batalha de Lepanto | Batalha de Lepanto | | | | |

# ÁRVORE GENEALÓGICA DA FAMÍLIA DE CERVANTES

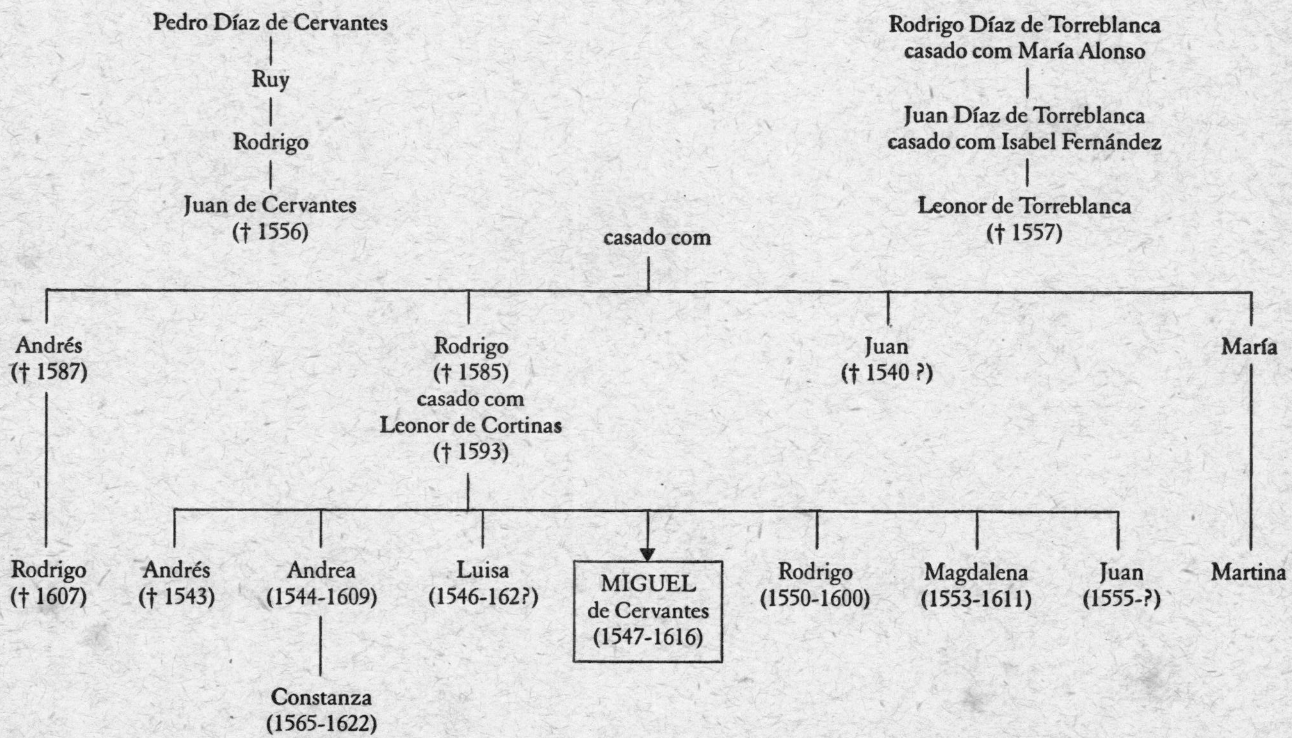

## ÁRVORE GENEALÓGICA DA MÃE DE CERVANTES

Gonzalo de Cortinas (1426-1486)

|

Diego Sánchez de Cortinas (1460-1520)

|

Elvira de Cortinas (1495-1566)

|

Leonor de Cortinas († 1593), mãe de Miguel de Cervantes

ESPANHA NO TEMPO DE CERVANTES

A EUROPA NO TEMPO DE CERVANTES

Este livro foi composto na tipologia Elegant Garamond em corpo 12/14 e impresso em papel Chamois Bulk 90g/m² no Sistema Cameron da Divisão Gráfica da Distribuidora Record.